GUIDE HACHETTE JARDIN

Plantes aromatiques

Bénédicte Boudassou

hachette
JARDIN

Sommaire

Thym
Ciboulette
Persil
Sauge
Menthe

La grande famille des aromatiques

La connaissance des plantes aromatiques est un véritable atout. Odorantes et goûteuses, elles parfument la cuisine et enchantent le jardin. Fleurs et feuillages nous invitent à la découverte des senteurs les plus subtiles jusqu'aux plus intenses, voire répulsives. Avec ces plantes, la nature réveille nos sens.

Qu'est-ce qu'une aromatique ?

Beaucoup de ces plantes sont connues en cuisine pour leurs arômes qui parfument les plats. En réalité, la palette des aromatiques comprend certes bon nombre d'espèces utilisées dans l'art culinaire, mais aussi quantité d'autres à usage médicinal ou du bien-être. D'autres encore se font uniquement décoratives, mais leurs senteurs jouent aussi un rôle dans l'équilibre écologique du jardin.

La définition du terme « aromatique » indique que ces plantes contiennent des substances odoriférantes, utilisées en médecine, en parfumerie ou en cuisine. Les aromatiques possèdent donc toutes un feuillage odorant ou des fleurs au parfum intense, comme la lavande.
Leur richesse en vitamines, en oligo-éléments et en différents principes actifs sur notre organisme les associe aux médicinales, cependant toutes les plantes médicinales ne sont pas des aromatiques, et toutes les aromatiques ne sont pas médicinales !

Les aromatiques utilisées en cuisine sont les plus connues, mais la grande famille des aromatiques compte de nombreuses autres espèces.

Les aromatiques contiennent des substances odoriférantes ; la lavande est à ce titre une des plus connues.

DÉJÀ AUTREFOIS...

Connues sur le pourtour méditerranéen au temps des Grecs anciens, des Romains et de l'Égypte antique, les aromatiques du soleil étaient ramassées dans la nature. Elles ont ensuite été cultivées puis se sont fait connaître plus au nord pour finalement devenir l'une des bases des jardins médiévaux où elles avaient le nom de « simples ». Ces carrés de simples devaient en premier lieu soigner les différents maux dont souffraient les populations. Ce rôle principal de médicinales a entraîné la confusion qui règne encore de nos jours à ce propos. Mais leurs vertus aromatiques ont aussi bien vite été testées de différentes façons, autant pour éloigner les parasites des armoires et des maisons que pour améliorer les saveurs des potées et des gibiers dont il fallait masquer l'odeur faisandée.

Parmi les plantes aromatiques cultivées au temps de Charlemagne, thym, laurier, romarin, sauge, basilic, mais aussi persil, ciboule, et fenouil servaient à la fois de remèdes et d'aromates. D'autres, comme l'oignon, l'ail, le céleri et l'oseille, faisaient également office de légumes. L'alimentation de l'époque, assez pauvre en vitamines, trouvait là un complément idéal, et les « bonnes herbes » commencèrent à être appréciées dans les soupes, les omelettes et les tourtes médiévales.

Qui sont-elles ?

On distingue en général quatre catégories d'aromatiques : les « bonnes herbes », les « herbes de Provence », les bulbes, les aromatiques du bien-être et décoratives.

Parmi les espèces couramment utilisées en cuisine, trois grandes familles végétales sont représentées : les apiacées comme le persil et le cerfeuil, les alliacées comme l'ail et la ciboulette, les lamiacées comme la sauge et l'origan.

Les carrés de simples jouxtaient souvent les édifices religieux. Les plantes y étaient cultivées en particulier pour leurs propriétés curatives.

LES BULBES

Ils forment une catégorie d'aromates dont le caractère singulier les classe à part, bien qu'ils fassent partie de la même famille que certaines bonnes herbes. Pourquoi ne rentrent-ils pas dans les bonnes herbes ? Parce que l'on consomme leur bulbe et non leurs feuilles. Cette différence permet aussi de les intégrer parfois dans les légumes. Pourtant ces aromates sont apparentés à la ciboule et la ciboulette ainsi qu'à toutes les alliacées, comme le tulbaghia.

- L'ail (*Allium sativum*)
- L'oignon (*Allium cepa*)
- L'échalote (*Allium ascalonicum*)

L'ail, les oignons et l'échalote, comptés souvent parmi les légumes, sont apparentés aux aromates. Il en va de même de la ciboulette.

LES BONNES HERBES

Les bonnes herbes sont herbacées, vertes, et beaucoup suivent un cycle de croissance annuel ou bisannuel. Il est alors nécessaire de les ressemer chaque année, à moins de les laisser grainer et se ressemer seules (avec des résultats plus aléatoires).

Certaines sont vivaces, elles repoussent donc à partir de leur souche au printemps suivant et peuvent s'étoffer sur plusieurs années. On consomme leur feuillage, parfois leurs tiges, rarement leurs fleurs, mais les graines offrent un concentré de saveurs souvent apparentées aux épices.

L'arôme des herbes réveille les plats les plus simples. Dans un régime minceur, il masque même l'absence de sel.

- L'aneth (*Anethum graveolens*)
- Le basilic (*Ocimum basilicum*)
- Le cerfeuil annuel (*Anthriscus cerefolium*)
- Le cerfeuil vivace (*Myrrhis odorata*)
- Le céleri vivace (*Levisticum officinalis*)
- La ciboulette (*Allium schoenoprasum*)
- La ciboule (*Allium fistulosum*)
- L'estragon (*Artemisia dracunculus*)
- Le fenouil (*Foeniculum vulgare*)
- La mélisse (*Melissa officinalis*)
- La menthe (*Mentha* sp.)
- L'origan (*Origanum vulgare*) et la marjolaine (*Origanum majorana*)
- L'oseille (*Rumex acetosa*)
- Le persil (*Petroselinum sativum*)
- La sauge (*Salvia officinalis*)
- Le shiso (*Perilla frutescens*)

Le céleri vivace, connu aussi sous le nom d'ache des montagnes ou livèche, fait partie des bonnes herbes.

LES HERBES DE PROVENCE

Les herbes de Provence proviennent en majorité de petits buissons, arbrisseaux ou arbustes, donc de végétaux ligneux qui vivent plusieurs années et produisent pour la plupart des feuilles persistantes. Ces dernières sont soit broyées finement pour pouvoir être ingérées, soit retirées après la cuisson.

- Le laurier-sauce (*Laurus nobilis*)
- Le romarin (*Rosmarinus* sp.)
- La sarriette (*Satureja* sp.)
- Le thym (*Thymus* sp.)

Récolte d'herbes de Provence (thym, laurier-sauce et romarin).

LES PLANTES DU BIEN-ÊTRE ET DÉCORATIVES

Toutes les plantes aromatiques cultivées sous nos climats peuvent être considérées comme des plantes d'ornement. Elles fleurissent et produisent un beau feuillage, offrent des silhouettes et des ports intéressants pour de nombreux aménagements.

Quand elles n'entrent pas dans les usages culinaires, la plupart sont utilisées pour les tisanes, les infusions et en herboristerie, grâce à leurs propriétés médicinales. S'en servir pour agrémenter le jardin profite à celui-ci autant qu'au jardinier, même si leurs vertus décoratives priment alors.

Dans les aromatiques du bien-être, on trouve :

- L'achillée (*Achillea* sp.) à utiliser en infusion et lotion. Toutes ses espèces et variétés aux fleurs jaunes, roses ou blanches constituent une palette décorative à privilégier dans les jardins secs.
- La bourrache (*Borrago officinalis*), à consommer en tisane et dans les salades.
- La camomille (*Chamaemelum nobile*), pour les tisanes calmantes et des massifs très fleuris.
- Les géraniums odorants (*Pelargonium* sp.) dont les feuillages prennent des senteurs de fruits, de menthe ou d'épices.
- La guimauve (*Althaea officinalis*), joli petit arbuste en fleurs tout l'été, aux propriétés adoucissantes.
- La lavande (*Lavandula* sp.), bien que peu utilisée en cuisine et jamais dans les mélanges d'herbes de Provence, fait partie des herbes du soleil dont on utilise les fleurs pour nombre de préparations médicinales et cosmétiques.

Les jolies fleurs de la nigelle attirent les pollinisateurs au jardin. On en utilise les graines noires en infusion.

- La monarde (*Monarda* sp.), pour des tisanes au goût de bergamote et une touche de couleur vive au jardin.
- La nigelle (*Nigella sativa*) aux graines noires à utiliser en tisanes diurétiques et digestives, et dont les fleurs attirent les pollinisateurs.
- La reine-des-prés (*Filipendula* sp.), employée en infusion, à cultiver dans les massifs ombragés.
- Le souci (*Calendula officinalis*), pour les pétales poivrés à manger ou à infuser, et sa couleur vivifiante.
- La verveine citronnelle (*Aloysia thiphylla*), pour des tisanes digestives et calmantes.

Parmi les décoratives :

- L'agastache (*Agastache* sp.) aux épis bleu vif. Ses feuilles offrent un goût mentholé et peuvent s'utiliser dans les desserts.
- Les armoises (*Artemisia* sp.), de l'armoise argentée à l'armoise verte ou bleutée.
- L'hélichryse (*Helichrysum italicum*) aux fleurs jaunes sur feuillage gris argenté.
- L'hysope (*Hysopus officinalis*) aux fleurs bleues mellifères.

La reine-des-prés, dont on utilise les fleurs en infusion, se plaît dans les massifs ombragés.

La floraison violette du népéta.

- Le myrte (*Myrtus communis*) dont les fleurs blanches estivales exhalent un délicieux parfum.
- Le népéta (*Nepeta* sp.) épanoui en violacé tout l'été.
- L'onagre (*Oenothera biennis*) aux fleurs jaunes odorantes qui attirent les papillons.
- La rue (*Ruta graveolens*) aux fleurs jaune anisé et au feuillage bleuté.
- La santoline (*Santolina chamaecyparissus*) jaune sur feuillage argenté.
- Le tulbaghia (*Tulbaghia violacea*) aux fleurs roses et à la forte odeur d'ail.

La capucine (*Tropaeolum major*) a un statut particulier : en plus de son aspect décoratif et de son pouvoir d'attraction sur les pucerons, qu'elle concentre en protégeant ainsi les autres plantes, elle est appréciée pour sa saveur piquante. Ses boutons floraux se consomment comme les câpres, et ses fleurs aromatisent les salades.

Les fleurs jaunes de la santoline ressortent bien sur son feuillage argenté.

Comment les utiliser ?

Belles et utiles, les aromatiques ne laissent personne indifférent. Le bonheur de donner davantage de goût aux plats le dispute à celui de profiter au jardin de leurs parfums et de leurs floraisons. Beaucoup de jardiniers les adoptent d'ailleurs sans savoir qu'elles font partie de cette catégorie de plantes. Utilisez-les de toutes les façons !

En cuisine

Elles présentent une gamme d'arômes propices à libérer toutes les envies et tous les délires culinaires ! Quand on ne connaît pas encore leurs saveurs, il faut les tester sans complexe. Car chaque culture les utilise différemment, et l'on peut déroger aux traditions culinaires pour inventer ses propres références. La menthe, par exemple, est devenue l'ingrédient nécessaire de nombreuses compositions sucrées, mais Outre-Manche elle accompagne aussi très bien le rôti de bœuf et, dans les pays du Sud, elle s'avère indispensable dans le taboulé. De la même façon, la sauge, utilisée pour ses propriétés digestives dans les farces de porc, est l'ingrédient principal d'une recette italienne pour relever les pâtes.

SEULES OU ASSOCIÉES

- Chacune des aromatiques offre un arôme qui peut convenir à un plat particulier. Testez-les en goûtant les feuilles crues une par une et, pour les aromates du soleil, en touchant les feuillages qui laisseront leur odeur sur vos doigts.
- Les mélanges de toutes les bonnes herbes sans distinction, autrefois très prisées, se sont réduits à une association, celle des « fines herbes ». Cerfeuil, ciboulette, estragon et persil associent leurs parfums intenses pour donner un arôme particulier dont on se sert pour assaisonner les crudités, les salades, les omelettes et les légumes vapeur en priorité, et également les sauces, sans toutefois les faire cuire.

Avec les produits de votre récolte, vous pourrez préparer et savourer de délicieux plats.

Le beurre de fines herbes est l'amalgame d'un beurre frais que l'on ramollit et auquel on ajoute ces fines herbes ciselées. On le fait fondre par exemple sur une viande grillée, pour profiter à la fois de la saveur et des vitamines contenues dans les herbes.

Un beurre de fines herbes décoré d'une tige de romarin.

CRUES OU CUITES ? FRAÎCHES OU SÉCHÉES ?

La teneur en vitamines et oligo-éléments des aromatiques rend leur consommation crue idéale pour notre organisme, quand elles viennent d'être cueillies. Les bonnes herbes sont donc à déguster de préférence fraîches et crues, car elles perdent une grande partie de leurs saveurs à la cuisson ou au séchage. Les herbes à tisanes sont aussi davantage parfumées et plus actives quand elles sont fraîches.

Il en est tout autrement pour les herbes de Provence aux feuilles coriaces, que notre estomac humain ne digère pas bien. Il vaut donc mieux les broyer pour les consommer sans risque. Elles supportent aussi beaucoup mieux la cuisson que les bonnes herbes et donnent ainsi leurs arômes sans compter, même quand on les plonge dans des courts-bouillons.

En tisanes

Les trois quarts des plantes aromatiques se retrouvent dans les herbes à tisanes, pour prévenir certains troubles, soigner des affections ou tout simplement mieux digérer, mieux dormir et rester en parfaite santé. Les

Ce sont les herbes fraîches qui dégagent le plus de saveurs. Ici, de la ciboulette finement ciselée.

Une infusion de fleurs de camomille séchées.

bonnes herbes en particulier peuvent se consommer en tisanes ; les herbes du soleil également. Ce sont même ces dernières qui soignent le plus d'affections des voies respiratoires grâce à leur large spectre de substances antiseptiques, anti-inflammatoires et antibactériennes.

Toutes ces plantes aux vertus reconnues doivent cependant s'utiliser avec parcimonie dans les dosages. Ces remèdes naturels sont à utiliser sans excès, tout comme on le ferait avec un médicament. Attention par exemple à l'ail qui n'est pas conseillé aux personnes souffrant d'hypertension, à l'achillée qui peut donner des migraines quand on mange ses feuilles en grande quantité, aux graines de fenouil diurétiques, ou à la menthe susceptible d'énerver les jeunes enfants.

COMMENT LES INFUSER ?

Après la cueillette, passez les feuilles sous l'eau froide, ou les tiges entières, pour enlever la poussière et les résidus de terre. Placez-les ensuite dans un récipient muni d'un couvercle et versez par-dessus de l'eau bouillante. Rabattez le couvercle et laissez infuser entre 5 et 10 minutes selon le type de plante. Les principes actifs vont se diluer dans l'eau ou dans la vapeur d'eau retenue par le couvercle.

Les fleurs cueillies en parties terminales n'ont pas besoin d'être lavées, et les graines récoltées non plus, sauf si elles sont tombées par terre.

Évitez de sucrer les tisanes, le sucre entraîne une fermentation dans l'estomac qui entrave la digestion des éléments ingérés.

En lotions, crèmes et infusions bien-être

La tisane se boit ; l'infusion, qui se réalise de la même façon, sert plutôt aux inhalations, compresses et lotions diverses que l'on peut fabriquer avec les plantes aromatiques. Les décoctions sont souvent conseillées pour obtenir davantage de substances actives contenues dans les graines ou les tiges ligneuses. On fait alors bouillir ces parties végétales dans de l'eau pendant 2 à 15 minutes. Mais que cela soit en infusion ou en décoction, les aromatiques aux propriétés médicinales sont la base des lotions et crèmes que l'on fabrique soi-même.

Les infusions qui imbibent les compresses pour des applications locales rendent par exemple de grands services quand on n'a pas d'autres remèdes sous la main, ou quand on souhaite se soigner de façon naturelle. Les aromatiques employées aident à la cicatrisation des petites plaies, piqûres et blessures (achillée, souci, mélisse, capucine), à traiter les problèmes cutanés (souci, monarde), les entorses et contusions (arnica), la conjonctivite (fenouil).
Les gargarismes à base d'aromatiques soulagent aussi rapidement les maux de gorge (sauge, guimauve, sarriette) et les gingivites (menthe), s'utilisent en cataplasme pour dégager les voies respiratoires (bourrache),

Parmi les plantes aromatiques, les lamiacées ont la part belle dans les usages cosmétiques, à commencer par la lavande, le thym et le romarin.

en inhalation contre les rhumes et les grippes (romarin).
Les infusions ajoutées à l'eau du bain agissent également pour soulager les rhumatismes (marjolaine), l'anxiété (lavande), détoxifier l'organisme ou le tonifier (romarin, menthe poivrée).
Les applications sont des plus nombreuses. Pensez à filtrer infusion et décoction avant de les mélanger au bain, et à les laisser refroidir avant application locale externe. Évitez d'employer des récipients et passoires en métal (quand ils ne sont pas en inox), afin que des substances étrangères ne modifient pas les principes actifs des végétaux.

Une allée de monardes.

Au jardin

Les aromatiques accompagnent à merveille les parterres de fleurs, les massifs d'ornement et les allées du jardin tant elles ont de qualités ! Vous en trouverez de toutes les hauteurs, avec les ports et les silhouettes qui conviendront à de nombreuses compositions, autant parmi les herbes culinaires que parmi les décoratives.

DANS LES MASSIFS

Les formes dressées ou en coussins s'intègrent très facilement dans les massifs de tous styles. Les jardins plutôt secs bénéficient de la résistance de l'hysope, de la lavande, de l'achillée, de l'hélichryse ou de la santoline.

Dans les endroits humides ou très frais, plantez des monardes en groupe. Elles forment des plates-bandes colorées très attractives.
Si vous avez besoin de volume, pensez au népéta, à la guimauve et à la camomille, qui se développent rapidement ou se ressèment.
Afin de rythmer les mixed-border, adoptez la rue aux coussins opulents et plantez du fenouil en arrière-plan.
Pour un essai mariant les floraisons aux cueillettes, commencez par une bande qui borde vos massifs de fleurs. Dans ce cas, privilégiez le thym, l'origan, la menthe, la sauge et

la ciboulette pour la cuisine, plus la lavande, le népéta et l'achillée pour vos tisanes et bouquets.

LE LONG DES ALLÉES

Privilégiez les lavandes, hélichryses, armoises et sarriettes qui donneront un air méditerranéen au jardin. Les lavandes peuvent accentuer le côté graphique d'un aménagement si vous les plantez en lignes régulières, par exemple de chaque côté d'une allée. Taillez-les chaque année pour leur conserver une forme arrondie régulière.

AU PIED DES ROSIERS

Les rosiers, comme beaucoup d'autres arbustes un peu raides et dégarnis en partie basse, gagnent à être entourés de plantes aromatiques vaporeuses telles que le népéta, les armoises, l'achillée ou le fenouil. La santoline en tapis tout autour produit aussi un bel effet quand des rosiers arbustifs ou en gros buissons en émergent. Toutes ces aromatiques servent également de répulsif contre les pucerons des rosiers.

EN POTS

Sur les rebords de fenêtres ou les marches d'escaliers, les aromatiques en pots contribuent à la décoration tout en dissuadant mouches, moustiques, fourmis et autres insectes de rentrer dans la maison. Les plus jolies comme la ciboulette en fleurs, l'origan et le thym peuvent se cultiver dans des petits pots, par exemple en alignement.

AUTOUR DU BARBECUE

Une ribambelle de potées d'aromates ou quelques jardinières bien garnies de jeunes plants de ciboulette, persil, cerfeuil s'apprécient grandement au moment où l'on fait des grillades de viande, de poisson et de légumes.

Carré de ciboulette en fleur dans un jardin potager.

Deux gros pots plantés l'un de romarin et l'autre de laurier-sauce encadreront ce mini-jardin de senteurs, une autre potée de fenouil et une de thym compléteront les indispensables de cette cuisine d'été.

AU POTAGER

Si vous avez assez d'espace pour cultiver un potager, ajoutez quelques rangs d'aromatiques ou plantez simplement un pied de chacune de vos préférées au bout des rangs de légumes. Elles poussent toutes seules, et profiteront de l'arrosage des autres cultures. Les herbes du soleil resteront malgré tout un peu à l'écart, vu l'ampleur qu'elles prennent au bout de trois ou quatre ans. Plantez-les en coin de potager, en petites haies ou le long des barrières.

Utilités et ennemis

Les propriétés répulsives de certaines aromatiques constituent l'un de leurs précieux atouts, en plus de leurs saveurs et senteurs. Elles ont, par conséquent, peu d'ennemis au jardin, ce qui en fait des plantes idéales pour les débutants, les enfants qui adorent venir les récolter, et les personnes pressées qui n'ont pas la main verte.

Qui aide qui ?

Pucerons, cochenilles, aleurodes, fourmis, papillons nuisibles et autres ravageurs détestent la forte odeur des feuillages des aromatiques, ils ne s'y aventurent donc pas. On peut se servir de ces espèces pour former des barrières antiparasites au jardin, et ainsi aider la culture des plantes qui sont habituellement attaquées par ces ravageurs.

LES MEILLEURES ASSOCIATIONS

BASILIC ET TOMATE

Le basilic éloigne les insectes parasites de la tomate et a une action contre le mildiou grâce à ses propriétés antibactériennes.
Le basilic agit aussi en répulsif contre les fourmis, et donc contre les pucerons.

AIL ET PÊCHER

L'ail agit contre la cloque du pêcher et les champignons pathogènes qui se développent au pied de l'arbre puis sur le tronc, les feuilles et les fruits. Il a des propriétés fongicides.

CIBOULETTE ET ROSIER OU LAVANDE ET ROSIER

L'odeur aillée de la ciboulette et le parfum très fort de la lavande évitent l'apparition de pucerons sur les rosiers, principalement en éloignant les fourmis.

NÉPÉTA ET ROSIER, NÉPÉTA ET FRUITIER

Le feuillage du népéta attire les coccinelles qui le prennent pour gîte en toute saison. Ces coccinelles sont alors très bien placées pour dévorer les pucerons dont elles se nourrissent à tous les stades de leur vie (larve et adulte).

*Le népéta vient habiller la base plus dégarnie du rosier, pour un ensemble particulièrement esthétique.
En outre, le népéta attire les coccinelles qui dévorent les pucerons des rosiers. Une association très réussie.*

Dans ce potager (Chaumont-sur-Loire) se côtoient sauge et chou. La sauge éloigne les parasites du chou.

AIL ET CAROTTE, OIGNON ET CAROTTE
L'ail et l'oignon, de la famille des alliacées comme le poireau, dégagent autant dans l'air que dans le sol une odeur répulsive contre la mouche de la carotte et les larves parasites. C'est l'une des meilleures associations à mettre en place dans un carré potager.

SAUGE ET CHOU, THYM ET BROCOLI
La sauge comme le thym serpolet éloignent la plupart des parasites de la famille du chou (chenilles comprises). Une terre bien drainée est nécessaire à cette association car la sauge et plus encore le thym n'aiment pas les terrains humides. La sauge et le thym ont des propriétés fongicides.

RUE ET FLEURS ANNUELLES
La rue est un excellent répulsif contre une grande partie des parasites du sol et aériens. En lui offrant une place dans les massifs, en particulier à côté des plantes annuelles sujettes aux parasites divers, elle les protégera.

SANTOLINE ET BUIS
Le feuillage de la santoline se marie superbement à celui du buis dans les parterres classiques et les massifs mixtes. Elle lutte aussi contre les acariens qui viennent parasiter les buis.

CIBOULETTE ET FRAISIER
La ciboulette agit contre les champignons pathogènes du fraisier.

ORIGAN DANS UN CARRÉ POTAGER, ORIGAN DANS UNE ROCAILLE
L'origan couvre le sol comme un paillis et l'odeur de son feuillage tient bon nombre de parasites à l'écart des légumes ou des plantes de rocaille.

À ÉVITER ABSOLUMENT

Si certaines aromatiques aident les fleurs et les légumes à se débarrasser de leurs parasites, d'autres peuvent au contraire contrarier sérieusement leur croissance. C'est ce que l'on appelle les mauvais compagnons au jardin.

Santoline et buis forment des parterres structurés remarquables (ici le jardin de Wyken Hall). La santoline a aussi la faculté d'éloigner les acariens du buis.

- La famille de l'ail et de l'oignon avec le chou et sa famille (brocoli, chou-fleur…)
- La menthe, la sauge et le romarin avec le concombre
- La menthe avec la carotte
- Le persil avec le céleri

Le psylle est un des rares insectes parasites qui s'attaquent aux aromatiques. Le laurier-sauce est en la cible.

Les ennemis des aromatiques

Ils sont en réalité fort peu nombreux, et si l'on respecte les règles de base de la culture, rien ne viendra troubler la croissance et les récoltes.

UNE MAUVAISE EXPOSITION génère des tiges malingres et qui filent vers la lumière. Ou à l'inverse les feuillages grillent et les plantes sèchent. Veillez à la course du soleil sur votre potager d'aromates et sur vos potées. Et pensez à arroser, c'est le meilleur moyen de réussir vos plantations.

UN SOL ENGORGÉ est la cause du pourrissement des racines et du flétrissement des plantes, surtout des bonnes herbes. Faites attention aux aromatiques qui aiment la fraîcheur, elles ont besoin d'eau mais pas de croupir dans une terre trop humide. Drainez le fond des pots, percez les potagers surélevés vendus en kit pour laisser l'eau s'évacuer.

Les attaques de parasites sont rares, mais le laurier-sauce est susceptible d'être touché par le **psylle**, un petit insecte qui provoque l'enroulement et la déformation des feuilles.

LES ANIMAUX DOMESTIQUES peuvent gratter et déterrer les plantations. Protégez vos aromates avec une petite barrière ou un grillage si vous avez un jeune chien. Les chats adorent l'odeur du népéta, et en particulier celle de la cataire (*Nepeta cataria*) que l'on appelle la « menthe des chats ». Ils viennent donc se coucher dessus, se frotter et finissent par mettre à mal cette plantation. Évitez l'espèce si vous avez des chats, ou mieux encore, laissez-leur à l'écart un coin planté de cataire où ils pourront s'en donner à cœur joie. Ils laisseront ainsi votre potager d'aromates tranquille.

Ce carré surélevé est protégé par un grillage qui empêche animaux domestiques ou oiseaux de venir sur les plantations.

Conseils de culture

Les quelques soins qui permettront à vos aromatiques de prospérer vous prendront peu de temps : arrosage et fertilisation s'effectuent facilement, et la taille se pratique en partie lors des récoltes. Faites-vous un mémo pour ne manquer aucune étape.

L'exposition

En dehors de la menthe, capable de pousser en sous-bois, toutes les aromatiques réussissent mieux quand elles bénéficient d'une bonne luminosité. Certaines préfèrent le plein soleil, d'autres une mi-ombre claire aux heures chaudes de l'été pour que la terre ne se dessèche pas trop vite autour de leurs racines. Au jardin, choisissez l'emplacement en fonction des espèces que vous avez envie de cultiver. Sur la terrasse ou le balcon, testez l'emplacement en bougeant les pots jusqu'à ce que vous ayez trouvé la bonne exposition pour les espèces cultivées. Une ombrière ou une balustrade imposante permet de protéger les potées du rayonnement excessif si votre balcon est exposé plein sud.

- LES AROMATIQUES DU SOLEIL peuvent s'implanter partout où l'ensoleillement est d'au minimum 8 heures par jour. En deçà, elles seront moins touffues et se tourneront vers la source de lumière, et auront donc tendance à allonger leurs tiges et à fournir moins de feuillage. Leur floraison sera également moins abondante.
- LES AROMATIQUES DE TERRAIN FRAIS ont moins besoin de soleil direct que les précédentes. Mais elles aiment aussi la lumière, même la menthe. Beaucoup sont capables de donner de belles récoltes avec un ensoleillement de 5 à 6 heures par jour à un emplacement où la course du soleil crée des ombres portées diverses au fil de la journée, par exemple au pied d'un bâtiment ou d'une haie.

La culture des aromatiques demande relativement peu de temps et de matériel.

Les aromatiques ont pour la plupart besoin d'une exposition ensoleillée et d'un terrain bien drainé.

Le sol

Un excellent drainage du sol est conseillé pour toutes les espèces, même celles qui aiment avoir une bonne humidité à disposition.

• **EN TERRAIN POREUX**, préférez la culture des aromatiques du soleil, ou améliorez la nature du sol en ajoutant une bonne couche de compost chaque année en automne. Ce compost va augmenter la capacité du sol à retenir l'eau et l'enrichir en particules humifères et éléments nutritifs. Vous pouvez aussi ajouter des amendements achetés en jardinerie, ou de l'argile si vous en avez dans une autre partie du jardin.

• **UN SOL TROP LOURD**, argileux ou marneux, devra à l'inverse être allégé avec des amendements spécifiques ou du sable grossier, ou encore des gravillons de pouzzolane. Vous pouvez également ajouter du compost en automne ; là encore, ce compost va améliorer la structure du sol, cette fois en l'aérant.

• **POUR LA CULTURE SUR TERRASSE ET BALCON**, vérifiez que le fond de vos carrés surélevés est percé de trous d'évacuation de l'eau. Faites de même pour les jardinières et potées, car souvent les trous sont seulement dessinés au fond ; il revient au jardinier de les percer.

Le semis

Si vous avez déjà une pratique jardinière, le semis se révèle la façon la plus économique d'obtenir un jardin de bonnes herbes. Mais cela demande aussi un peu de travail au départ, pour tracer les sillons, semer et éclaircir les rangs.

1. Préparez le sol en désherbant soigneusement. Puis ameublissez la terre (avec une griffe, une binette, un sarcloir ou une petite motobineuse selon la superficie et la localisation de votre culture).
2. Tracez les sillons à la distance recommandée sur le sachet de graines, selon l'espèce semée. Utilisez pour cela le manche d'un outil.
3. Semez les graines sans les serrer. Quand elles sont fines, mélangez une poignée de sable avec, pour en mettre moins.
4. Recouvrez d'une très fine couche de terreau et tassez légèrement.
5. Arrosez en pluie et régulièrement pour maintenir le sol humide jusqu'à la levée.
6. Quand les plantules atteignent 5 cm environ, arrachez les plants en surnombre pour

conserver un plant tous les 15, 20, 30 cm (ou plus) selon l'espèce semée.

7. Désherbez régulièrement, puis paillez quand les pieds ont 15 à 20 cm de haut.

La plantation

Le jardinier débutant veut souvent avoir du volume rapidement et récolter presque immédiatement. En achetant de jeunes plants, cette possibilité s'offre à vous. Il faut cependant débourser beaucoup plus pour la culture d'un petit carré d'aromates car chaque plant est vendu individuellement dans un godet. Selon la taille du godet, le prix est plus ou moins élevé. La plantation des aromatiques arbustives s'effectue à partir de plants achetés en gros godets ou en conteneurs.

1. Faites des lignes avec ficelle et cordeau (potager, bande aromatique, grand carré), ou marquez avec le manche d'un outil les emplacements (petit carré, bac, massifs) où vous voulez planter, en respectant les distances indiquées sur les étiquettes. Ces distances correspondent à l'envergure de la plante arrivée à maturité. Elles permettent aux plants d'avoir l'espace nécessaire pour se développer.
2. Plongez les godets dans une bassine d'eau pour laisser les mottes s'humidifier. Laissez égoutter puis dépotez en pinçant le fond du godet ou en tapotant dessus.

Semez les graines dans le sillon préalablement creusé avec le manche d'un outil.

Pour les semis ou la mise en terre de jeunes plants, l'installation de repères (tuteur et corde) permet de prévoir suffisamment de place pour le développement futur de la plante.

Les mottes sont trempées dans l'eau avant d'être mises en place.

La terre est bien tassée une fois le plant installé.

De petites étiquettes permettent de repérer les herbes au jardin et de donner un cours de botanique aux enfants.

3. Creusez vos trous au fur et à mesure, enfoncez la motte et rebouchez aussitôt en tassant avec la main.
4. Arrosez après la plantation, et régulièrement ensuite.
5. Pensez aussi à marquer vos plantations avec des étiquettes qui s'enfoncent en partie dans le sol, pour bien vous familiariser avec l'aspect des différentes espèces aromatiques et les reconnaître à coup sûr.
6. Laissez les plants grossir pendant 15 jours à 1 mois, et commencez les récoltes.

Le désherbage

Avant que les plants de vos aromatiques aient une hauteur suffisante pour que vous puissiez pailler le sol à leur pied, leur entretien passe par un désherbage obligatoire afin d'enrayer la concurrence avec les herbes spontanées qui ne manquent pas de s'installer dans cette bonne terre bien préparée. Si vous le faites régulièrement, vous arracherez très facilement ces herbes d'un simple coup de binette ou avec une petite griffe (dans les pots, jardinières et petits carrés surélevés). Certaines espèces résistantes exigent parfois plusieurs désherbages successifs. Ce travail est le seul qui demande un peu de temps au départ de cette culture. Ne laissez pas les herbes arrachées sur le sol, car elles peuvent à nouveau s'enraciner. Mettez-les au compost. Si vous avez installé de jeunes plants, vous désherberez pendant 15 jours à 3 semaines environ. Avec un semis, la surveillance sera plus longue, mais en terre meuble ce travail reste rapide et facile. Si vous avez peur de confondre les herbes spontanées avec vos herbes aromatiques, semez ou plantez bien en ligne et placez des étiquettes ou des mini-tuteurs garnis d'une ficelle colorée près des aromates.

Enlever les mauvaises herbes est nécessaire afin que les aromatiques que vous aurez semées ou plantées puissent se développer sans concurrence.

L'arrosage

Le système d'arrosage le plus approprié dépend du nombre d'aromatiques et de la façon dont vous les cultivez. En lignes au jardin potager, elles seront mieux arrosées par un tuyau poreux installé le long des rangs. Dans les grands carrés, ce système a fait aussi ses preuves. En revanche, la culture en petits carrés surélevés, en pots et en jardinières se prête bien à l'arrosage manuel.

LA MEILLEURE FAÇON D'ARROSER

L'apport d'eau doit toujours se faire au pied des plantes, sans éclabousser les feuillages. Il est plus économe en quantité d'eau réellement utilisée par les plantes, et les feuillages restent sains. Si vous ne pouvez diriger cet apport, l'arrosage se fera en pluie douce avec une pomme d'arrosage réglable ou un arrosoir muni d'une pomme dont vous inverserez le sens.

Avec un tuyau poreux, l'eau s'écoule doucement, faites simplement attention à bien positionner le tuyau au plus près des pieds des plantes.

LE MEILLEUR MOMENT

Prenez l'habitude d'arroser la nuit, le matin tôt ou le soir très tard. La terre plus fraîche à ces moments-là laisse l'eau s'infiltrer de suite et se gonfle davantage pour retenir l'humidité. L'évaporation est quasiment nulle, il n'y a donc pas de gaspillage. En pleine journée, quand le soleil chauffe, évitez au contraire d'arroser car l'évaporation de l'eau sera maximale sur le sol surchauffé. D'autre part, vous risquez de provoquer l'apparition de maladies dues à des champignons microscopiques qui adorent les atmosphères chaudes et humides sous les feuillages.

LA FRÉQUENCE

Calez vos arrosages en fonction des pluies. Quand il ne pleut pas au printemps, arrosez tous les 3 à 4 jours les jeunes plants, et plus

Arrosez les plantes à leur pied ; c'est économique en eau et cela évite une humidité stagnante sur les feuilles.

À chaque récolte d'aromatiques, la plante se régénère. Sur le romarin et les arbustives, on coupe seulement l'extrémité des tiges.

fréquemment si les températures sont déjà élevées. En été, passez à une fois tous les 2 jours pour l'arrosage manuel, voire tous les jours avec un système de tuyaux poreux que vous déclencherez le matin et le soir pendant un temps assez court. Le calage sera fonction de la nature de votre sol : plus il est poreux, plus vous devrez déclencher souvent et en petite quantité. Dans un bon sol de jardin argilo-humique, la fréquence sera moindre car ce dernier conservera l'eau à la disposition des plantes plus longtemps.

Arrosez plus souvent les espèces qui demandent un sol toujours frais. Les autres sont capables de rester plusieurs jours sans arrosage même en plein été. Le thym (sauf le serpolet) et le romarin préfèrent même avoir chaud dans un sol plutôt sec, et ne s'arrosent donc que très peu.

La taille

• **À CHAQUE RÉCOLTE**, vous taillez des tiges, ce qui provoque une réaction chez les plantes. Elles produisent alors plus de feuillage ou de nouvelles pousses. Cette taille régénère donc les touffes. Sur les vivaces et les annuelles, il vaut mieux couper au ras du sol, ou à la naissance des tiges. Mais il faut laisser une partie

Taille d'une verveine citronnelle.

des touffes pour que cette régénération s'effectue. Sur les arbustives, prélevez seulement l'extrémité ou la moitié des tiges car ces dernières sont ligneuses. Quand on les taille trop bas, les nouvelles pousses ont beaucoup de mal à percer sur le vieux bois.

• **LA SECONDE TAILLE** intervient en fin de saison pour les aromatiques annuelles et vivaces, ou en fin d'hiver pour les aromatiques arbustives. Chez les premières, cette taille permet de terminer les récoltes puis de nettoyer les rangs ou carrés afin de fertiliser le sol, protéger les souches (pour les vivaces) et recommencer les semis ou plantations au printemps suivant (pour les annuelles) dans un environnement net.

• **CHEZ LES AROMATIQUES ARBUSTIVES**, procédez plutôt en fin d'hiver, ainsi vous n'aurez pas à recouper les tiges une seconde fois si le gel les abîme.

LA PANOPLIE DES OUTILS

- Petit sécateur pour les tiges dures des aromates du soleil.
- Ciseaux à aromates ou petit sécateur à bouquets pour les bonnes herbes.
- Cisailles pour l'entretien des lavandes, du romarin et du laurier-sauce.
- Petite griffe pour le désherbage dans les carrés potagers, les pots et jardinières.
- Binette à long manche pour le désherbage des rangs d'aromatiques au potager.
- Arrosoir ou tuyau d'arrosage muni d'une pomme réglable.
- Petites étiquettes résistant aux intempéries (en bois, en ardoise ou en métal) et marqueurs indélébiles.

La taille de la lavande est particulière, il faut d'abord couper les hampes florales fanées en fin d'été au ras du feuillage, puis raccourcir l'arbuste d'un tiers à une moitié en fin d'hiver pour que les touffes restent garnies de la base.

Sur le romarin, deux tailles sont aussi possibles quand l'arbuste pousse rapidement : une après la floraison en fin de printemps, une autre en fin d'été. Si vous le laissez pousser, raccourcissez ensuite d'un tiers au maximum. Coupez ces arbustes à la cisaille, le bois peut être très dur. Pour les jardiniers qui n'ont pas beaucoup de force dans les bras, il existe des cisailles à crémaillère qui démultiplient la force engagée.

La lavande est taillée en fin d'été, afin que ses touffes restent garnies à la base.

VERVEINE
5.-

Récolter et conserver

Récolter toute la saison demande que l'on ménage un tant soit peu les plantes. En revanche, en milieu ou fin d'été, une cueillette plus conséquente offre la possibilité de conserver les aromatiques pour la période hivernale. Différentes méthodes permettent alors de profiter au mieux des arômes tout au long de l'année.

La cueillette

Vous pouvez cueillir toutes les herbes au jour le jour pendant la saison de végétation ; cependant, en vue de leur conservation, certains moments sont à éviter et d'autres à privilégier. De façon générale, bannissez les jours de pluie ou très humides. Les jours secs et ensoleillés sont les plus propices, ce qui n'empêche pas de passer les herbes sous l'eau pour enlever poussières et résidus de terre si besoin est.

POUR LES BONNES HERBES, cueillez tôt le matin avant que la chaleur n'agisse sur les feuillages.

POUR LES HERBES DE PROVENCE, c'est l'inverse, attendez que le soleil ait bien chauffé les feuilles et concentré les huiles essentielles ; cueillez en milieu de journée.

SUR LES HERBACÉES, coupez les tiges entières ou de moitié, en préservant une partie des touffes pour que les plantes puissent se ressourcer et produire de nouvelles tiges rapidement.

SUR LES AROMATIQUES LIGNEUSES, cueillez les tiges entières sur la périphérie, les jeunes pousses, et coupez aussi quelques tiges de moitié.

Sur la ciboulette et les autres herbacées, la coupe se fait plutôt à la base de la tige.

Les aromatiques peuvent se conserver longtemps lorsqu'elles sont séchées et stockées à l'abri de la poussière.

Les fleurs fraîchement récoltées peuvent être utilisées immédiatement ou conservées.

SUR LES AROMATIQUES DONT ON RÉCOLTE LES FLEURS, effectuez la cueillette en milieu de matinée quand la rosée a séché et avant que les fleurs ne soient trop ouvertes. Coupez les fleurs avec des ciseaux ou un sécateur à bouquets, sous les corolles pour la bourrache, la capucine, le souci, la camomille, la monarde, le tulbaghia. En revanche, coupez les hampes florales des épis de lavande, juste au-dessus du niveau du feuillage. Si vous utilisez l'agastache et l'hysope, cueillez les hampes également pour favoriser une remontée.

POUR LES GRAINES, veillez à ce qu'elles soient bien mûres. La meilleure technique pour ne pas rater leur récolte est d'ensacher (petits sachets de mousseline par exemple) les ombelles ou fleurs fanées jusqu'au moment où les graines tombent seules dans le sachet.

La conservation

Pour une conservation d'une à deux journées, placez vos herbes dans un verre d'eau au frais (mais évitez le réfrigérateur). Les herbes du soleil n'en ont pas besoin, elles se conservent très bien quelques jours à l'ombre. L'oseille doit être consommée tout de suite, car ses feuilles se flétrissent très vite. Les fleurs destinées aux salades ne tiennent pas très longtemps non plus, il vaut mieux les cueillir avant les repas ; elles peuvent néanmoins se conserver à plat dans une barquette, à l'ombre et au frais, pendant une journée.

POUR UNE LONGUE CONSERVATION, PLUSIEURS SOLUTIONS

LA CONGÉLATION

Les herbes fraîchement cueillies sont émincées ou laissées entières et réparties dans des sachets de congélation. De petites boîtes sont assez pratiques pour prélever à la cuillère des herbes émincées, au fur et à mesure

Pour de petites quantités d'herbes, la conservation dans de l'eau congelée est une solution pratique.

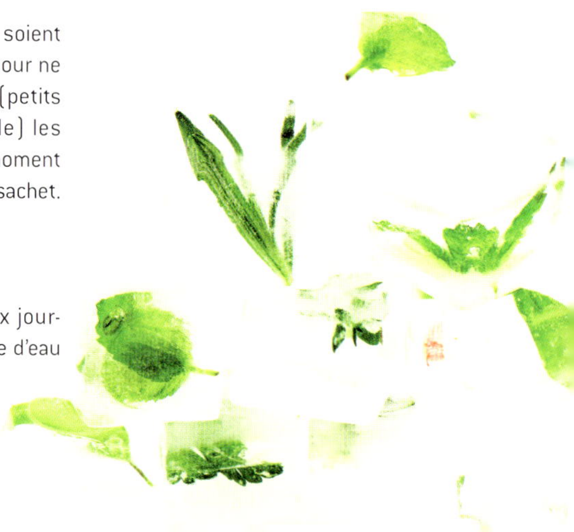

des besoins. La congélation dans de l'eau, par exemple dans les bacs à glaçons, rend la décongélation et l'utilisation plus faciles pour certaines herbes qui brunissent et se flétrissent très vite, comme la menthe et la mélisse.

LE SÉCHAGE

Les tiges entières sont plus pratiques à faire sécher que les feuilles individuelles, aussi effeuillez après le séchage. Pour ce dernier, placez les tiges à plat en une couche dans des clayettes empilées, à l'intérieur d'un meuble fruitier par exemple, ou dans un cellier bien aéré et à l'abri du soleil. Si vous voulez garder des bouquets, suspendez ces derniers la tête en bas dans un local aéré et à l'ombre, en les enveloppant d'un sac en papier pour les protéger de la poussière.

Après séchage, effeuillage, suppression des queues (en particulier pour le persil) et émiettage, il vaut mieux les enfermer dans un récipient hermétique. Dans un cellier bien sec, elles peuvent aussi rester dans des sacs en papier, en particulier quand on les garde en bouquets, par exemple pour le thym, le romarin et le laurier du bouquet garni.

LA CONSERVATION DANS L'HUILE

Elle concerne seulement quelques bonnes herbes comme le basilic et l'estragon, et permet d'avoir ensuite toute l'année une huile aromatisée ainsi que des feuilles à ajouter directement dans les sauces, les marinades et les plats cuisinés. Empilez les feuilles une

Les fleurs de lavande séchée se conserveront pendant un an, dans des sachets en papier, en tulle ou en toile (lin ou coton).

à une dans un flacon opaque, environ jusqu'à la moitié, et versez de l'huile végétale par-dessus (d'olive de préférence) jusqu'en haut du flacon.

Seules quelques herbes se conservent dans l'huile, qui prend ensuite un goût légèrement aromatisé.

LA MEILLEURE FAÇON DE CONSERVER

L'aneth : effeuillé et congelé en petites boîtes ou sachets

Le basilic : effeuillé, séché à plat puis émietté ;
en feuilles entières avec de l'huile d'olive dans un flacon opaque

Le cerfeuil annuel : séché en tiges entières puis émietté

La ciboulette : congelée soit en mini-bottes de tiges entières, soit coupée en tronçons ;
séchée, émincée en tronçons et gardée en bocal opaque

La ciboule : coupée en tronçons et congelée

L'estragon : séché en tiges entières puis effeuillé ou émietté ;
séché en tiges entières et conservé en bouquets dans un sachet ;
effeuillé dans un flacon opaque avec de l'huile d'olive

Le fenouil : graines séchées et conservées en sachets ou bocal

Le laurier-sauce : séché en tiges et conservé en bouquets dans un sac en papier ;
séché en tiges, effeuillé et émietté

La mélisse : séchée en tiges, effeuillée et émiettée ;
effeuillée et placée dans des glaçons

La menthe : séchée en tiges, effeuillée et émiettée ;
effeuillée et placée dans des glaçons ;
effeuillée, ciselée et congelée en petites boîtes ou sachets

L'origan et la marjolaine : séchés sur tige, puis effeuillés et émiettés

L'oseille : équeutée et congelée en plusieurs sachets

Le persil : séché sur tige, effeuillé et émietté ;
effeuillé, ciselé et congelé

Le romarin : séché en tiges, effeuillé et émietté ;

La sarriette : séchée en tiges et conservée en bouquets dans un sac en papier ;
séchée et émiettée

La sauge : effeuillée, ciselée et congelée ;
séchée en tige, effeuillée et émiettée

Le shiso : effeuillé et congelé en feuilles entières ;
séché, effeuillé et émietté

Le thym : séché en tiges et conservé en bouquets dans un sac en papier ;
séché et émietté

Créer son potager aromatique

Vous en rêvez ? Faites-le ! Il n'y a rien de plus valorisant, car la culture des aromatiques prend peu de temps et réussit toujours. Même si vous essuyez quelques déconvenues, vous profiterez de toute façon d'une partie des récoltes. Réservez un petit bout de jardin, il ne faut pas beaucoup de place.

Une bande réservée

Le long de la façade ou juste au départ des massifs qui entourent la maison, vous pouvez créer un petit coin d'aromates dont la proximité vous permet de venir cueillir les herbes juste avant les repas. Un peu de terreau et le tour est joué ! Chaque plante offre un aspect décoratif, et si vous associez en plus les bonnes herbes avec les aromatiques qui possèdent les plus jolies floraisons, vous aurez l'impression d'avoir créé un nouveau massif du jardin.

Un carré bien organisé

Tout comme pour les légumes, la tendance à cultiver en carrés se répand chez de nombreux jardiniers. Cette technique actuelle offre de tels avantages qu'il serait dommage de s'en passer, surtout pour les aromates que l'on utilise en cuisine. Profitez-en, c'est aussi plus facile pour les débutants.

- Autour du carré, vous pouvez circuler, ce qui facilite l'entretien et la cueillette. Ce principe individualise aussi l'espace cultivé par rapport aux autres zones du jardin et aux massifs d'ornement. Cette organisation permet de concentrer certaines plantes dans un endroit, et de faire des essais sur de petites superficies.
- Dans un carré, chaque plante est à sa place déterminée à l'avance, et de nombreuses espèces peuvent se côtoyer. Répartissez vos aromatiques suivant le plan qui correspond le mieux à vos souhaits et à vos besoins.

La culture dans des espaces compartimentés permet l'association de plusieurs espèces potagères et aromatiques sur de petites superficies.

- La palette des saveurs s'élargit donc beaucoup, et l'on s'aperçoit à cette occasion qu'il suffit souvent d'un petit nombre de pieds qui poussent toute la saison pour améliorer grandement la cuisine quotidienne.
- Dans un carré, vous n'avez aucun mal à reconnaître rapidement toutes les plantes, et vous pouvez planter des étiquettes dans chaque case ; il en existe de très jolies qui ajouteront une note décorative à l'ensemble du carré.

Les carrés surélevés

Ils sont encore plus pratiques. Plus ils sont hauts, entre 50 cm et 100 cm, et moins vous avez à vous baisser pour les travaux de jardinage et les récoltes. Si vous n'êtes pas bricoleur, vous en trouverez à acheter en kit. Ce type de carré potager est idéal pour les terrasses, les balcons et les petits jardins quand on veut des aromates au plus proche de la maison sans avoir à sacrifier un massif de fleurs.

Prévoyez du terreau maraîcher en grande quantité pour remplir ce type de carré, sauf si la hauteur de terre reste assez faible, ce qui est souvent le cas dans les carrés en kit vendus avec un fond.

Le terreau maraîcher a tendance à se tasser d'une année sur l'autre, ajoutez une couche à chaque printemps ou changez-le entièrement tous les deux à trois ans.

Petit carré surélevé de plantes aromatiques.

Les avantages

• **MOINS D'ARROSAGE** : quand les plantes sont assez serrées et dans un espace bien déterminé, il ne reste plus beaucoup de terre libre entre les pieds. Cela réduit d'autant les surfaces à arroser ainsi que la déperdition d'eau. Chaque plante est mieux abreuvée car l'apport d'eau humidifie l'ensemble de la terre du carré, là où les racines se développent.

• **MOINS DE DÉSHERBAGE** : les feuillages des aromatiques remplissent très rapidement l'espace disponible dans le carré. Ils font donc de l'ombre au sol, et les mauvaises herbes n'arrivent plus à pousser si vigoureusement. Seules celles qui s'installent pendant le premier mois, quand les plants sont encore jeunes, arrivent à prendre de l'ampleur. Arrachez-les immédiatement pour éviter la concurrence avec vos aromatiques, et ne les laissez surtout pas fleurir ni grainer. Vous les enlèverez sans effort avec leurs racines car la terre du carré reste bien meuble.

Dans un carré de culture, les plants peuvent être assez serrés : les feuillages drus empêchent les mauvaises herbes de se développer à côté, et un arrosage réduit profite à toutes les espèces.

Au-dessus de ce petit carré potager a été installé un voile pour la protection hivernale des légumes et aromatiques.

• **UNE RÉCOLTE FACILITÉE** : il n'y a qu'à tendre le bras pour planter les aromates, pour les couper, arracher les mauvaises herbes ou modifier les plantations. Quand la saison est finie, il suffit de tout couper à ras de terre et de couvrir éventuellement avec un paillis de feuilles sèches, du voile d'hivernage ou encore un paillon de brandes de bruyères pour conserver les souches des plantes vivaces qui pourront repartir au printemps suivant, comme la ciboulette. Les autres seront remplacées par de nouveaux pieds achetés en godets au printemps.

LE MATÉRIEL NÉCESSAIRE

- Terreau maraîcher ou terreau de bonne qualité
- Plantoir à main pour transplanter les godets de jeunes plants
- Bassine pour humidifier les mottes avant la plantation
- Gants de jardin
- Mini-griffe ou binette écologique ou duo binette/sarcloir pour ameublir le sol
- Petit râteau pour niveler et tracer les sillons semés
- Tuyau d'arrosage muni d'une pomme réglable ou arrosoir
- Planches de bois brut non traité, non verni et non peint pour éviter le ruissellement de substances toxiques dans la terre vers les racines des plantes
- Système de fixation (clous, vis, équerres, notamment)

PRÉPARER SON CARRÉ D'AROMATES

1. Construisez votre carré avec des planches en bois brut, de 120 à 150 cm de côté au maximum. Guidez-vous éventuellement à l'aide de tuteurs en bambous ou de ficelles tendues au-dessus de la structure pour délimiter les espaces.

2. Plantez dans chaque espace 1, 3 ou 5 pieds d'une même espèce selon sa vigueur.

3. Placez les plus hautes sur l'arrière ou au centre (céleri, menthe, persil, grand basilic...), et les plus petites devant ou autour (oseille, ciboulette, basilic nain, par exemple).

Ce carré est construit de planches de bois brut.

Les plants sont disposés les uns après les autres dans l'espace qui leur est réservé.

Une fois garni, un carré offre une grande variété d'espèces et est toujours facile d'accès.

Les associations à privilégier

Dans un carré de 9 cases, associez en priorité les aromatiques de fraîcheur, ou celles de plein soleil. Vous aurez beaucoup moins de questions à vous poser quant à l'arrosage de chacune d'entre elles. Placez de préférence le « carré fraîcheur » dans un endroit où le soleil n'est pas brûlant toute la journée, là où l'ombre portée d'une construction peut apporter un peu de frais à certaines heures. En revanche, placez le « carré soleil » en plein soleil, ou contre un mur chaud exposé au sud.

SELON VOS GOÛTS, LES 9 CASES PEUVENT SE REMPLIR DE LA FAÇON SUIVANTE :

- persil, shiso, grand basilic
- cerfeuil, mélisse, estragon
- ciboulette, petit basilic, menthe

ou encore

- aneth, fenouil, verveine citronnelle
- agastache, bourrache, mélisse
- ciboule, basilic, oseille

OU DANS UN ENDROIT TRÈS CHAUD

- romarin, myrte, laurier-sauce
- sarriette, lavande, hysope
- thym, origan, sauge

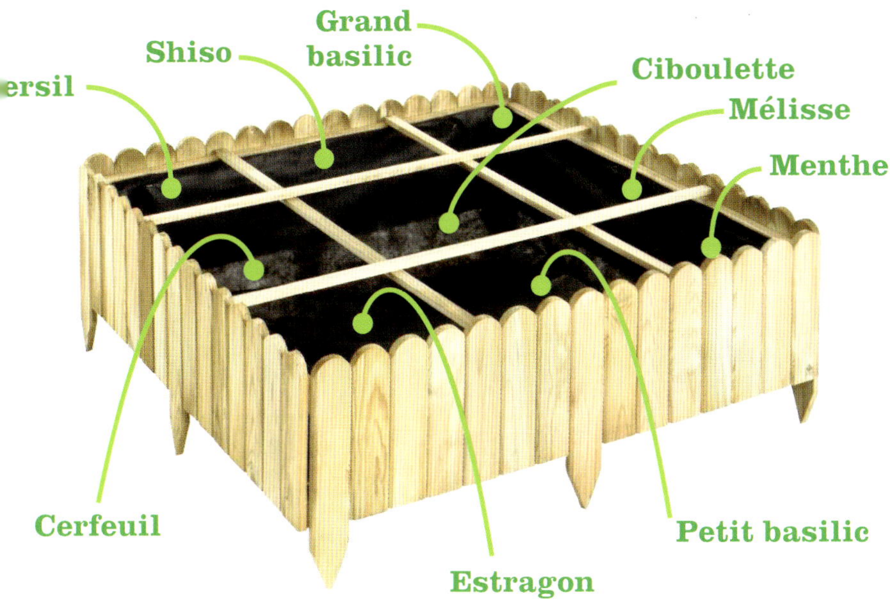

Jardinières et potées odorantes

Que vous ayez assez de superficie au jardin ou seulement un petit espace extérieur, la culture en pots des principales aromatiques culinaires simplifie les choses. Ces pots se déplacent à volonté pour trouver la meilleure exposition, ils permettent une cueillette express et un entretien encore plus facile.

De bonnes herbes sous la main

Toutes les bonnes herbes se cultivent facilement sur un balcon ou une terrasse. Grâce à leur nature herbacée, elles acceptent de pousser dans de petits pots, des jardinières et des carrés surélevés.

Si vous voulez en conserver d'une année sur l'autre, par exemple la ciboulette ou la mélisse, plantez-les dans des pots individuels de diamètre plus important et protégez-les du froid en hiver si vous êtes dans une région aux hivers rigoureux. Une simple mini-serre de balcon suffit pour rentrer les pots ; isolez l'intérieur avec du papier bulles.

Sur un balcon, ces potées d'aromatiques restent à portée de main.

Avant l'hiver, les plants doivent être protégés (ici, avec une couverture de feuilles mortes).

COMMENT S'Y PRENDRE ?

- Achetez des plants en godets ou petits conteneurs, c'est le moyen le plus rapide pour commencer à récolter 3 semaines à 1 mois plus tard.
- Préférez les indispensables que vous utiliserez quotidiennement en cuisine, telles que le persil, la ciboulette, le basilic, l'estragon, le cerfeuil, la menthe.
- Arrosez-les chaque jour en été quand il fait chaud et sec : ces herbes qui aiment un sol toujours frais se flétrissent vite quand elles souffrent de la sécheresse. De plus, le terreau des pots et jardinières sèche davantage que la terre du jardin. Quand il devient sec et dur, les racines se cassent, et il est très difficile de le réhumidifier pour le regonfler. Si vous avez été absent en période de grosse chaleur, trempez les pots jusqu'au collet des plantes dans une bassine d'eau pendant 10 mn pour essayer de regonfler les mottes. Puis laissez égoutter et remettez vos pots en place. Cette astuce permet souvent de récupérer les plantes si la période de sécheresse n'a pas été trop longue.
- Associez dans vos jardinières les plantes que vous préférez et qui ont les mêmes besoins. Évitez l'association d'aromates très différents comme le thym et la menthe qui n'apprécient pas la même exposition ni les mêmes types de sol (riche et frais pour la menthe, pauvre et sec pour le thym).

MATÉRIEL NÉCESSAIRE

- Pots, bacs ou jardinières percés (si les trous sont prépercés, trouez à la perceuse)
- Graviers pouzzolane concassée ou billes de drainage dans les gros pots et les bacs
- Bâche plastique ou table à rempoter
- Terreau « spécial aromatiques » ou enrichi (qualité supérieure)
- Plantoir à main
- Arrosoir
- Mini-griffe
- Jolies étiquettes résistantes à la pluie

- Dans les jardinières comme dans les bacs, vous pouvez serrer davantage les pieds d'aromatiques qu'en pleine terre (10-15 à 20 cm, au lieu de 20 à 30 cm). Cette culture est effectivement saisonnière et sur une petite superficie. Vous allez donc chaque jour faire des cueillettes et les plants n'auront pas le temps de prendre beaucoup d'ampleur dans la saison de végétation. En automne, vous couperez tout au ras des souches pour les dernières récoltes et rachèterez des jeunes plants au printemps suivant.

OÙ LES CULTIVER ?

- Les bacs, pots et jardinières peuvent les accueillir de plusieurs façons : soit vous mettez l'accent uniquement sur la culture des aromates et garnissez entièrement vos contenants avec de bonnes herbes de différentes espèces, soit vous utilisez le moindre espace libre près des plantes déjà installées dans vos bacs, par exemple :

- au pied des arbustes, avec de la menthe, du cerfeuil et du basilic dans les endroits du balcon qui restent au frais et avec de l'agastache ou du thym si les bacs sont exposés en plein soleil tout le temps ;
- en bordure de jardinière fleurie la ciboulette se développe bien, ainsi que l'origan qui épousera les contours de la jardinière et finira par retomber sur les bords ;
- dans les coins des grands bacs de terrasse, avec, par exemple, du fenouil dont le feuillage augmentera le volume végétal du bac.

Dépotez les mottes au fur et à mesure.

Mettez la motte en place dans la jardinière.

Complétez le niveau de terreau au-dessus des mottes.

PAS À PAS

1. Prenez des jardinières de 40 cm de long. Une fois garnies, vous les accrocherez à la rambarde du balcon, de votre côté pour cueillir plus facilement les herbes.
2. Remplissez-les de terreau maraîcher ou terreau « spécial aromatiques » jusqu'aux deux tiers de la hauteur.
3. Disposez les aromatiques que vous avez choisies : par exemple 2 pieds de ciboulette et 2 de basilic dans une jardinière, 2 de persil et 2 de menthe dans une autre, en les plantant en quinconce. Dépotez au fur et à mesure pour ne pas casser les mottes.
4. Arrosez copieusement et complétez le niveau de terreau pour que les mottes ne dépassent pas de la surface.

LES HERBES DE PROVENCE

Le thym, le romarin, le laurier-sauce et la sarriette se chargent en huiles essentielles qui leur donnent ce goût si intense quand ils chauffent sous le plein soleil. Un balcon ou une terrasse au sud leur convient très bien. Mais la culture en pot s'effectue dans des petits volumes de terre qui s'assèchent très vite au soleil. Donc, même si ces plantes supportent naturellement la sécheresse en pleine terre et dans les sols caillouteux, elles n'auront pas assez de ressources en pot pour résister autant. Arrosez-les régulièrement quand le temps est sec, toujours en toute fin de soirée ou très tôt le matin. Arrosez deux fois à 5 minutes d'intervalle pour que la motte ait le temps de se gonfler et de retenir l'humidité.

LE CONSEIL DE BÉNÉDICTE BOUDASSOU

Les arbustes de plein soleil finissent par prendre beaucoup d'ampleur quand on les conserve d'une année sur l'autre. Si vous voulez les utiliser autant en cuisine que pour la décoration de votre petit bout de terrasse ou de jardin, plantez-les, la première année, dans des pots de 30 à 40 cm de diamètre pour mieux les laisser se développer. Le laurier-sauce et le romarin deviennent très hauts et peuvent aussi servir de brise-vent autour du barbecue ou de la terrasse. Donnez-leur un pot encore plus gros (50-60 cm de diamètre ou de côté) et bien stable. En les taillant régulièrement chaque année, vous les conserverez à une hauteur moyenne de 1,50 à 2 m, tout en profitant du volume et de la persistance de leur feuillage.

Les aromatiques arbustives comme le laurier-sauce peuvent se développer considérablement. Choisissez dès le départ des pots assez gros et stables.

Les meilleures aromatiques

Les aromates à savourer

Quoi de plus alléchant que l'odeur d'un plat bien parfumé ? Les aromatiques comestibles, comme les épices, viennent relever les préparations culinaires et apportent une touche personnelle. Même si vous n'avez pas de jardin, un pot ou une jardinière sur un balcon peut vous offrir l'occasion de cultiver quelques-unes de ces plantes savoureuses. Les meilleures façons de les planter, de les récolter, de les conserver vous sont présentées dans les pages suivantes.

Composez toujours votre petit potager d'aromates selon vos goûts et habitudes culinaires. Il ne sert à rien en effet de cultiver du céleri ou de la menthe si vous n'en avez aucune utilité dans vos plats ou si leur saveur et odeur vous rebutent. Par ailleurs, commencez par une, deux ou trois espèces pour vous habituer à aller cueillir régulièrement vos petites herbes. Surtout si vous avez peu le temps de cuisiner. Pour de petits plaisirs le week-end et pendant les vacances, une palette restreinte vous comblera déjà.

Le shiso, ici dans sa variété à feuilles pourpres, est une aromatique à découvrir.

Agastache
Agastache sp.

ESPÈCES ET VARIÉTÉS : l'agastache du Mexique (*A. mexicana*) est la plus connue, avec un feuillage sentant la menthe. La grande agastache (*A. foeniculum*) sent plus le fenouil.

EXPOSITION : plein soleil pour favoriser sa magnifique floraison. Cette plante vivace préfère les régions au climat doux en hiver.

SOL : ordinaire à riche, frais mais très bien drainé.

PLANTATION/SEMIS : la plantation de jeunes sujets achetés en godets a lieu au printemps.

ENTRETIEN : arrosez pour garder le sol frais en fin de printemps et début d'été. Rabattez la touffe en automne et couvrez avec un paillis de feuilles sèches ou un mulch pour enrichir le sol.

RÉCOLTE : coupez les tiges entières au fur et à mesure de vos besoins, de la fin du printemps jusqu'en automne.

CONSERVATION : faites sécher les feuilles à l'ombre et dans un lieu bien aéré, pour pouvoir les conserver en sachet ou en boîte pour vos tisanes et desserts d'hiver.

UTILISATION : profitez des arômes mentholés du feuillage pour relever les salades de fruits, les compotes, les glaces. La grande agastache qui sent le fenouil peut s'utiliser dans les plats sucrés/salés, ou avec un tartare de poisson. Réalisez des infusions chaudes avec quelques feuilles le soir, ou glacées dans la journée en été.

La floraison de l'agastache est remarquable dans les massifs de fleurs.

PROPRIÉTÉS : l'agastache permet de mieux digérer et a une action antinauséeuse. Comme la menthe, elle permet aussi de rafraîchir l'haleine.

LE PLUS/À SAVOIR : les feuilles assez grandes peuvent se déguster glacées au sucre, pour accompagner une soupe de fraises ou une compote de pommes.

LE CONSEIL DE BÉNÉDICTE BOUDASSOU

> Cultivez cette plante au port dressé dans vos massifs de fleurs. Certaines variétés proposées en jardineries offrent des floraisons très lumineuses qui se remarquent de loin.

Ail
Allium sativum

ESPÈCES ET VARIÉTÉS : l'ail blanc et l'ail rose sont les espèces comestibles proposées au rayon plantes potagères ou plantes aromatiques. L'ail d'ornement se trouve dans les rayons de bulbes décoratifs ou bulbes à fleurs.
EXPOSITION : plein soleil.
SOL : léger et très bien drainé. L'ail, comme l'oignon, ne supporte pas les sols lourds, compacts et engorgés. Si votre terrain n'est pas assez poreux, cultivez en petites buttes de terre.
PLANTATION/SEMIS : plantez les bulbilles la pointe vers le haut en les enfonçant sous 3 cm de terre au maximum. L'ail blanc peut se planter en octobre ou au printemps, l'ail rose se met en terre à partir du mois de février.
ENTRETIEN : arrosez modérément quand le temps est sec. Désherbez régulièrement.
RÉCOLTE : le jaunissement des feuilles indique que les bulbes sont presque à maturité. Nouez les feuilles et attendez encore quelques jours pour que les bulbes grossissent. Arrachez-les ensuite avec une petite fourche.
CONSERVATION : laissez sécher les têtes d'ail quelques jours, et nettoyez-les pour enlever toute la terre résiduelle. Tressez les feuilles entre elles pour pouvoir garder les tresses suspendues à la cuisine.
UTILISATION : l'ail se mange cru ou cuit, et dans ce dernier cas épluché ou avec sa peau.

L'ail a besoin d'un sol léger et bien drainé pour se développer, et éloigne bon nombre de parasites des cultures.

Il relève les sauces, les vinaigrettes, s'associe au beurre persillé et se frotte sur des croûtons. Il accompagne traditionnellement le gigot et d'autres viandes en sauce.
PROPRIÉTÉS : manger tous les jours de l'ail permet de garder un intestin sans parasites. Il se révèle également antiseptique et antibiotique tout en favorisant la transpiration.
LE PLUS/À SAVOIR : l'ail et toute la famille des alliums font fuir la plupart des parasites des cultures, et ont même une action fongicide dans le sol. Utilisez l'ail d'ornement pour éloigner les pucerons dans les massifs, et l'ail comestible sous les pêchers pour combattre les attaques de champignons pathogènes.

LE CONSEIL DE BÉNÉDICTE BOUDASSOU

> Cultivez l'ail assez loin des pois, haricots et fèves au potager, car ce sont de très mauvais compagnons.

Aneth
Anethum graveolens

ESPÈCES ET VARIÉTÉS : une seule espèce annuelle se cultive sous nos climats. Elle se rencontre aussi de façon sauvage dans les endroits secs et caillouteux.

EXPOSITION : plein soleil. L'aneth, comme son cousin le fenouil, supporte très bien la chaleur et la sécheresse.

SOL : ordinaire à pauvre et très bien drainé. Il vaut mieux un terrain poreux qu'un sol lourd ou compact.

PLANTATION/SEMIS : semez au printemps, d'avril à juin selon le climat de votre région. Les jeunes plants doivent ensuite être éclaircis ; seuls les plus vigoureux sont conservés, à 20-30 cm d'écart. Mais ne jetez pas les plants en surnombre, utilisez-les comme aromates.

ENTRETIEN : désherbez régulièrement pour éviter la concurrence racinaire avec des herbes spontanées.

RÉCOLTE : elle se fait de juin à octobre au fur et à mesure des besoins, car il vaut mieux utiliser la plante fraîche qui a plus de goût que les feuilles sèches. Coupez les jeunes tiges et la moitié ou le quart supérieur des autres.

CONSERVATION : l'aneth peut être séché puis émietté pour une conservation dans un bocal hermétique. On réussit aussi à congeler les feuilles émincées, en petites boîtes verseuses.

UTILISATION : l'aneth apporte sa saveur anisée très subtile aux poissons crus, en papillotes, en sauce ou grillés.

L'aneth frais offre davantage sa saveur anisée que lorsqu'il est séché.

PROPRIÉTÉS : les feuilles ainsi que les graines utilisées en infusion facilitent la digestion. Elles possèdent aussi des vertus sédatives.

LE PLUS/À SAVOIR : si vous laissez quelques tiges fleurir, vous aurez des graines à consommer aussi en aromates, mais surtout en infusion.

LE CONSEIL DE BÉNÉDICTE BOUDASSOU

> La plante monte assez haut, mais reste moins imposante que le fenouil. Cultivez-la à l'arrière du potager d'aromates ou dans vos massifs d'ornement.

Basilic
Ocimum basilicum

ESPÈCES ET VARIÉTÉS : les espèces à feuillage vert comme 'Grand Vert', 'Nufar' ou 'Fin Vert' sont les plus aromatiques. Pour des saveurs légèrement différentes, essayez le basilic pourpre et le basilic 'Citron'.

EXPOSITION : plein soleil, mais quelques heures d'ombrage quand il fait très chaud.

SOL : meuble et continuellement frais.

PLANTATION/SEMIS : le basilic déteste les sols secs et reste sensible aux dernières gelées du mois de mai. En région froide, achetez des plants à mettre en terre en mai, ou semez sous abri pour transplanter en mai. En octobre, rentrez un pot à la cuisine pour continuer les récoltes une partie de l'hiver.

ENTRETIEN : arrosez régulièrement pour maintenir une bonne humidité dans le sol.

RÉCOLTE : les feuilles se cueillent au fur et à mesure des besoins à partir du mois de juin.

CONSERVATION : dans de l'huile, ou séché à plat et émietté dans un bocal hermétique.

UTILISATION : dans les pâtes, les omelettes, la salade de tomates et mozzarelle, les crudités et le pesto qui est réalisé à base de basilic, huile d'olive et pignons de pin. Évitez de le faire cuire, vous détruiriez la finesse de son parfum.

PROPRIÉTÉS : tonique et digestif, il a une action antispasmodique sur les intestins. Fébrifuge et antiseptique.

LE PLUS/À SAVOIR : croissance rapide dans un bon terreau bien arrosé.

Les feuilles de basilic peuvent être récoltées dès le mois de juin, et jusqu'en hiver dans des pots rentrés à l'abri du gel.

LE CONSEIL DE BÉNÉDICTE BOUDASSOU

> À associer avec les pieds de tomates pour éloigner les parasites de ces dernières. On peut aussi en placer un pot sur le rebord de la fenêtre de la cuisine pour éloigner les mouches et moustiques, et quelques feuilles dans les pots-pourris ont un effet répulsif contre les fourmis et insectes divers. Rentrez-le en octobre, car il ne résistera pas au gel.

Cerfeuil
Anthriscus cerefolium

Les fines feuilles du cerfeuil sont très faiblement caloriques.

ESPÈCES ET VARIÉTÉS : le cerfeuil annuel est très facile à cultiver et de croissance rapide. Vous pourrez essayer ensuite le cerfeuil vivace (*Myrrhis odorata*) appelé aussi cerfeuil d'Espagne, de saveur plus anisée et sucrée.

EXPOSITION : plein soleil avec un peu d'ombrage quand il fait très chaud.

SOL : meuble, bien drainé et frais en permanence.

PLANTATION/SEMIS : le semis s'effectue en avril et jusqu'à la mi-juin. Il lève assez vite.

ENTRETIEN : arrosez régulièrement pour éviter au sol ou à la terre du pot de s'assécher.

RÉCOLTE : de juin à octobre, coupez les tiges entières mais sur un tiers à une moitié de la touffe seulement, pour que d'autres tiges repoussent.

CONSERVATION : mettez les tiges dans un verre d'eau si vous en avez trop cueilli, elles tiendront deux jours. Les feuilles se conservent en hiver dans un bocal hermétique, une fois séchées et émiettées. Évitez la congélation, elles sont trop fines.

UTILISATION : omelettes, salades diverses, légumes vapeur, viandes grillées ou cuites à la plancha. En beurre de fines herbes, à savourer cru sur une viande ou un poisson.

PROPRIÉTÉS : feuillage très faiblement calorique donc conseillé dans les régimes hypocaloriques. Digestif et diurétique.

LE PLUS/À SAVOIR : on peut l'associer en culture aux légumes feuilles comme la salade, le poireau, la bette à carde, le chou.

LE CONSEIL DE BÉNÉDICTE BOUDASSOU

> Au départ, plantez dans un gros pot de 30 à 40 cm de diamètre car la plante pousse vigoureusement, ou placez un seul pied dans un carré potager. Si vous utilisez beaucoup de fines herbes, réservez un rang entier au potager à ce cerfeuil annuel qui constitue la base de ces fines herbes.

Ciboulette
Allium schoenoprasum

ESPÈCES ET VARIÉTÉS : la vraie ciboulette a des feuilles cylindriques très fines, sa cousine la ciboule (*Allium fistulosum*) est beaucoup plus grosse et plus forte en goût. La ciboulette de Chine (*Allium tuberosum*) est également beaucoup plus forte en notes aillées. Si vous aimez la délicate fraîcheur de la ciboulette, évitez ces dernières.

EXPOSITION : plein soleil et léger ombrage quand il fait très chaud.

SOL : très bien drainé et meuble, riche et frais toute l'année même en été.

PLANTATION/SEMIS : semez à partir d'avril ou plantez des pieds achetés de la fin avril à la fin mai.

ENTRETIEN : arrosez régulièrement ; la ciboulette préfère avoir un sol frais en permanence.

RÉCOLTE : cueillez une partie des tiges au ras de la souche, en laissant toujours au moins un tiers de la touffe. Si vous coupez une partie des tiges fleuries, cela provoque la pousse de feuillage supplémentaire.

CONSERVATION : coupées en tronçons et séparées en plusieurs paquets, les tiges de ciboulette peuvent se congeler. Elles se sèchent aussi pour une conservation dans un bocal hermétique.

UTILISATION : salades diverses, crudités, légumes vapeur, pommes de terre au four et sauces à la crème fraîche. Omelettes en compagnie des autres fines herbes comme le cerfeuil, le persil et l'estragon.

La ciboulette est souvent récoltée avant la floraison pour ses qualités gustatives, mais ses tiges fleuries égayent aussi les parterres.

PROPRIÉTÉS : riche en vitamine C et en antioxydants.

LE PLUS/À SAVOIR : la ciboulette est vivace, la souche peut repartir au printemps suivant si elle ne gèle pas et si vous la divisez en fin d'hiver. Ses pompons roses sont très décoratifs : gardez une partie de la touffe fleurie si vous associez la plante dans les massifs d'ornement.

LE CONSEIL DE BÉNÉDICTE BOUDASSOU

> Rentrez un ou deux pots en cuisine pour continuer les récoltes en automne et en début d'hiver. Au jardin, protégez les plantations avec un mini-tunnel.

Coriandre
Coriandrum sativum

ESPÈCES ET VARIÉTÉS : vous trouverez une seule espèce, en sachets de graines ou en jeune plant.

EXPOSITION : plein soleil, même aux heures chaudes de l'été.

SOL : très bien drainé, léger ou ordinaire.

PLANTATION/SEMIS : semez à partir du mois d'avril et éclaircissez un mois plus tard. Il vaut mieux éviter sa culture sur la terrasse ou le balcon car le feuillage dégage une odeur prenante.

ENTRETIEN : arrosez quand il fait chaud et sec mais sans détremper le sol.

RÉCOLTE : coupez le feuillage sur les jeunes tiges et conservez quelques tiges hautes pour récolter les graines à maturité.

CONSERVATION : le feuillage se consomme cru pendant toute la saison de végétation et ne se conserve pas séché. En revanche, vous pouvez conserver les graines bien mûres dans un récipient hermétique et les écraser au mortier ou les moudre pour vos plats en hiver.

UTILISATION : les feuilles relèvent les salades, les omelettes, les légumes cuits, les plats de riz. Les graines entrent dans la composition du curry. Feuilles et graines accompagnent traditionnellement le couscous et les tajines.

PROPRIÉTÉS : antibactériennes et surtout digestives pour les plats de lentilles, de haricots et tous les aliments qui fermentent dans l'appareil digestif. Les feuilles sont riches en antioxydants.

LE PLUS/À SAVOIR : la plante est mellifère, elle attire tous les insectes butineurs.

LE CONSEIL DE BÉNÉDICTE BOUDASSOU

> La plante se développe beaucoup en largeur et monte à 80-90 cm de haut ; laissez-lui de la place au potager ou, si vous n'avez qu'un petit coin pour vos aromatiques, contentez-vous d'aller en acheter au marché.

Les feuilles de coriandre se consomment fraîches. Elles dégagent une odeur assez forte.

Estragon
Artemisia dracunculus

ESPÈCES ET VARIÉTÉS : une seule espèce produit l'estragon aromatique utilisé en cuisine. Attention, ne le confondez pas avec les autres espèces d'armoises, qui ne sont pas comestibles, ou bien sont destinées à une transformation alcoolisée (absinthe).

EXPOSITION : plein soleil, sinon les feuilles n'ont pas beaucoup de goût et la plante s'étiole en cherchant le soleil.

SOL : léger ou ordinaire, qui retient l'humidité mais très bien drainé.

PLANTATION/SEMIS : achetez un jeune plant que vous installez en pleine terre, en pot de 40 cm ou dans un carré potager. Le sol doit être bien réchauffé au moment de la plantation, car l'estragon déteste avoir froid. Du printemps à l'automne, la plante a aussi besoin d'une bonne humidité. Évitez les sols poreux.

ENTRETIEN : arrosez quand il fait sec. Rabattez les tiges à 20 cm du sol en automne et protégez la souche en hiver avec un mini-tunnel et des feuilles sèches si vous voulez qu'elle reparte au printemps suivant.

RÉCOLTE : coupez les tiges de moitié au fur et à mesure des besoins.

CONSERVATION : les tiges sont séchées en petits bouquets avant d'être émiettées dans un récipient hermétique pour leur conservation en hiver.

CONSERVATION : les tiges séchées sont effeuillées et émiettées. Les feuilles fraîches se conservent dans de l'huile, vous pouvez aussi en placer quelques-unes dans du vinaigre pour aromatiser les salades en hiver.

Les feuilles d'estragon ont davantage de goût quand la plante pousse dans un endroit bien ensoleillé.

UTILISATION : l'estragon est savoureux frais, ciselé dans les salades, les omelettes, avec le poulet et les farces de volaille. La sauce béarnaise est à base d'estragon.

PROPRIÉTÉS : riche en antioxydants.

LE PLUS/À SAVOIR : l'estragon devient un petit buisson aux tiges ligneuses que l'on peut conserver plusieurs années. Mais dans un carré potager, les coupes répétées ne lui laisseront pas le temps de pousser autant.

LE CONSEIL DE BÉNÉDICTE BOUDASSOU

> Associez l'estragon à la ciboulette et au basilic dans un carré aromatique de fraîcheur placé au soleil.

Fenouil
Foeniculum vulgare

Les fleurs du fenouil, sur lesquelles on pourra récolter les graines, sont également décoratives.

ESPÈCES ET VARIÉTÉS : la plante dont on utilise le feuillage aux saveurs anisées en cuisine est le fenouil-tige. Il est très vaporeux, haut de 1 m à 1,50 m, produit des fleurs jaunes mellifères qui donnent ensuite des graines très aromatiques. Le fenouil bulbeux, son cousin, se cultive parmi les légumes.

EXPOSITION : plein soleil, même très chaud.

SOL : très bien drainé, un sol sec ou caillouteux ne pose pas de problème.

PLANTATION/SEMIS : plantez en avril-mai quand le sol est bien réchauffé, ou semez en fin d'été. Le fenouil se ressème d'ailleurs le plus souvent seul. Évitez les endroits humides et froids, le fenouil préfère la chaleur et supporte la sécheresse.

ENTRETIEN : rabattez les tiges au ras du sol en automne ou en fin d'hiver et renouvelez les pieds tous les 3 à 4 ans.

RÉCOLTE : coupez les tiges de moitié pour utiliser le jeune feuillage et provoquer une repousse. Laissez des tiges fleurir et grainer pour récolter les graines. Ensachez les ombelles de fleurs fanées de façon à récupérer les graines lorsqu'elles sont mûres et tombent seules.

CONSERVATION : les graines mûres et bien sèches se conservent très bien dans un récipient hermétique ou un sachet en papier. Le feuillage s'utilise plutôt frais.

UTILISATION : la saveur anisée du fenouil se marie idéalement avec les poissons grillés ou cuits en papillote. Les graines aromatisent les fromages, les champignons, les viandes rôties. Elles s'utilisent aussi en tisane digestive et diurétique.

PROPRIÉTÉS : digestives et diurétiques. Les feuilles ont des vertus anti-inflammatoires.

LE PLUS/À SAVOIR : les graines ne doivent pas être consommées de façon prolongée sans avis médical.

LE CONSEIL DE BÉNÉDICTE BOUDASSOU

> Comme il prend beaucoup de place dans un carré aromatique, cultivez-le en gros pots individuels ou associez-le aux plantes d'ornement pour lesquelles il formera un fond de verdure légère et décorative.

Laurier-sauce
Laurus nobilis

ESPÈCES ET VARIÉTÉS : vérifiez le nom latin du laurier-sauce quand vous l'achetez : seule l'espèce *Laurus nobilis* est comestible, tous les autres lauriers sont très toxiques.

EXPOSITION : plein soleil, même chaud.

SOL : bien drainé et léger.

PLANTATION/SEMIS : le laurier s'achète en gros godet ou conteneur. Plantez-le quand le sol est réchauffé au printemps, à l'abri des vents froids et du gel hivernal.

ENTRETIEN : protégez le pied et la ramure en hiver avec un voile d'hivernage dans les régions où le gel peut sévir fortement et sur plusieurs jours d'affilée.

RÉCOLTE : coupez les jeunes tiges sur la périphérie de l'arbuste ou, sur les jeunes pieds, rabattez de moitié les tiges.

CONSERVATION : les tiges peuvent être séchées en petits bouquets suspendus à l'ombre et à l'abri de la poussière. Entourez-les d'un sac en mousseline ou en papier.

UTILISATION : les feuilles coriaces ne se mangent pas quand elles restent entières. On les émiette pour les marinades et les grillades ou on utilise une tige feuillée dans les ragoûts et courts-bouillons. C'est l'un des 3 ingrédients du bouquet garni du pot-au-feu.

PROPRIÉTÉS : anti-infectieuses et neurotoniques. C'est cette dernière vertu qui est à l'origine du nom du baccalauréat, littéralement « baies de lauriers ».

Le laurier-sauce peut rapidement devenir un arbuste assez massif et former des haies.

LE PLUS/À SAVOIR : ce gros arbuste peut devenir très haut pour former de véritables haies dans les régions douces et sur le littoral. Donnez-lui un gros pot dès le départ, ou placez-le en fond de massif d'ornement, sur les limites du potager.

LE CONSEIL DE BÉNÉDICTE BOUDASSOU

> Dans un petit potager d'aromates, il est indispensable, mais ne le laissez pas monter grâce à des tailles répétées. Il peut aussi être conduit en topiaire (en cône ou en boule sur tige).

Menthe
Mentha sp.

ESPÈCES ET VARIÉTÉS : de nombreuses espèces possèdent des saveurs intéressantes, mais celles qui ont le plus de force sont la menthe poivrée (*Mentha piperita*) et la menthe verte (*Mentha viridis*). La menthe bergamote sent la bergamote. Il existe aussi une menthe aux notes de gingembre (*Mentha gracilis*).

EXPOSITION : soleil ou mi-ombre.

SOL : bien drainé, profond et meuble, toujours très frais ; elle pousse même dans les endroits humides.

PLANTATION/SEMIS : en pot et carré potager, achetez de jeunes plants pour une pousse plus rapide. En pleine terre, il suffit de planter un pied pour en avoir plusieurs l'année suivante.

ENTRETIEN : arrosez quand il fait sec, la menthe déteste la sécheresse et se flétrit très vite quand elle n'a pas assez d'humidité.

RÉCOLTE : coupez les tiges à ras au fur et à mesure des besoins. La plante se régénère rapidement, et se multiplie par ses racines traçantes. La récolte se fait du début du printemps aux gelées, sauf la première année où il faut attendre un mois que le pied s'installe.

CONSERVATION : les feuilles sont séchées pour une conservation en sachet papier ou en pot hermétique. Congelez aussi des feuilles entières dans des glaçons.

UTILISATION : dans les desserts, les glaces, les gâteaux, et dans certains plats salés

Les feuilles de la menthe verte, utilisées fraîches ou séchées, mettent aujourd'hui en valeur de nombreuses préparations culinaires.

comme le taboulé, le rouleau de printemps, les nems, dans les sauces à la crème fraîche qui accompagnent par exemple les pommes de terre au four.

PROPRIÉTÉS : antiseptique, stimulante, digestive, calmante contre les migraines et les nausées.

LE PLUS/À SAVOIR : la menthe est vivace, elle repousse chaque année et se multiplie seule.

LE CONSEIL DE BÉNÉDICTE BOUDASSOU

> Dans un petit carré aromatique, plantez la menthe dans un pot que vous enfoncez ensuite en terre. De cette façon, elle n'ira pas coloniser les cases des autres aromatiques, car elle a un caractère plutôt envahissant quand elle se plaît quelque part.

Oignon
Allium cepa

ESPÈCES ET VARIÉTÉS : selon votre région, vous trouverez des variétés locales qui peuvent avoir une saveur intéressante. De façon générale, l'oignon de conservation est jaune, rouge ou rosé et commun à toutes les régions. L'oignon blanc se mange petit.

EXPOSITION : plein soleil.

SOL : léger, bien drainé et meuble. L'oignon n'aime pas les sols lourds qui se ressuient mal.

PLANTATION/SEMIS : plantez les petits bulbes en début de printemps (février-mars), en les enfonçant juste sous la surface du sol. En sol lourd, plantez sur des petites buttes de terre.

ENTRETIEN : désherbez régulièrement les premières semaines. Une fois l'oignon bien installé, les mauvaises herbes ne le dérangent plus.

RÉCOLTE : pour les oignons de conservation, elle a lieu après le jaunissement des feuilles. Soulevez les bulbes avec une fourche, sans les blesser. Secouez la terre et laissez sécher quelques jours à l'abri. Récoltez l'oignon blanc quand il est jeune, avec des feuilles bien vertes.

CONSERVATION : enlevez toute la terre résiduelle, vérifiez que les bulbes ne sont pas abîmés et placez-les en caissettes au cellier après avoir coupé le feuillage. Ou tressez les feuilles et suspendez la tresse dans la cuisine. L'oignon blanc se conserve dans du vinaigre.

Les bulbes d'oignons ont été plantés juste sous la terre au printemps, et se développent bien dans un sol meuble.

UTILISATION : crus ou cuits ou façon pickles, les oignons s'associent à tous les plats. Ils peuvent aussi remplacer les légumes, et deviennent un plat à part entière dans la soupe à l'oignon.

PROPRIÉTÉS : l'oignon a toutes les qualités nutritives, une richesse en vitamines et éléments nutritifs supérieure à de nombreux légumes. Il est aussi diurétique, contient des antioxydants et stimule l'organisme.

LE PLUS/À SAVOIR : la fleur de l'oignon est spectaculaire, tout comme celle du poireau et de l'ail, qui sont de la même famille.

LE CONSEIL DE BÉNÉDICTE BOUDASSOU

> Évitez le paillage du sol, les bulbes se développent beaucoup mieux quand ils voient la lumière.

Origan
Origanum vulgare

ESPÈCES ET VARIÉTÉS : une seule espèce est cultivée pour ses vertus aromatiques, *Origanum vulgare*, mais il est courant de la confondre avec une autre plante de la même famille aux arômes similaires, la marjolaine (*Origanum majorana*). Les deux sont utilisées de la même manière en cuisine, mais la marjolaine se consomme aussi en tisanes.

EXPOSITION : plein soleil même dans un endroit chaud.

SOL : bien drainé et réchauffé. La plante se contente d'un sol ordinaire, elle supporte la sécheresse en pleine terre.

PLANTATION/SEMIS : achetez des jeunes plants en petits godets, ils prendront vite de l'ampleur. L'origan se multiplie seul, également.

ENTRETIEN : arrosez quand il fait très chaud et sec, en particulier dans les cultures en pot et en carré potager surélevé.

RÉCOLTE : coupez les petites tiges au fur et à mesure des besoins, en partie terminale. Cela favorise la production de nouvelles pousses.

CONSERVATION : faites sécher les tiges entières puis émiettez les feuilles dans un récipient hermétique. Elles se conservent très bien en hiver.

UTILISATION : l'origan frais ou séché parfume les pizzas, les sauces et vinaigrettes, les plats cuisinés, les mijotés d'été à base de porc et les grillades d'agneau.

Certaines variétés d'origan présentent des feuilles tirant sur le jaune.

PROPRIÉTÉS : digestive et stimulante pour l'ensemble de l'organisme.

LE PLUS/À SAVOIR : l'origan s'étale beaucoup en largeur, C'est une remarquable plante couvre-sol. Servez-vous de cette particularité pour habiller le pied des arbustes, la terre des potagers, les coins des carrés aromatiques, les bordures des rocailles. La variété 'Aureum ' offre des feuilles marginées de jaune, très lumineuses et décoratives.

LE CONSEIL DE BÉNÉDICTE BOUDASSOU

> L'origan préfère les endroits chauds et très ensoleillés, plantez-le en compagnie de la sarriette, du thym, de la lavande et des autres aromatiques méditerranéennes.

Oseille
Rumex acetosa

ESPÈCES ET VARIÉTÉS : de nombreuses variétés se cultivent facilement. Celles à larges feuilles vertes se préparent plus en légume, les variétés à feuilles rouges sont également décoratives.

EXPOSITION : l'oseille pousse en plein soleil mais n'aime pas les rayons brûlants. On peut l'associer en tapis avec une autre plante potagère qui lui procure un peu d'ombrage, comme la rhubarbe.

SOL : il doit être neutre ou acide, évitez absolument les terrains calcaires. Un sol riche, profond et bien meuble est idéal, c'est encore mieux si la plante bénéficie d'une bonne humidité.

PLANTATION/SEMIS : semez au printemps, la croissance est rapide.

ENTRETIEN : apportez une couche de compost sur le sol en fin de récolte. La plante est vivace, elle repousse de sa souche et vit plusieurs années au même endroit. Arrosez régulièrement quand le temps est sec. Pour obtenir plus de feuilles, supprimez les fleurs avant leur éclosion.

RÉCOLTE : coupez les feuilles au fur et à mesure de vos besoins, elles ne se conservent pas longtemps au réfrigérateur.

CONSERVATION : les feuilles d'oseille peuvent se congeler, comme les épinards, après avoir été lavées et blanchies.

UTILISATION : les feuilles se mangent cuites avec des œufs, en soupe ou en garniture avec du poisson. Le goût très acidulé de l'oseille s'atténue un peu quand on la fait blanchir dans deux eaux.

Pour obtenir un plant d'oseille assez feuillu, les fleurs sont supprimées avant leur éclosion.

PROPRIÉTÉS : riche en vitamine C et en magnésium. Les feuilles sont également diurétiques et détoxifiantes pour l'appareil digestif.

LE PLUS/À SAVOIR : attention, la plante est déconseillée aux personnes souffrant de rhumatismes et de calculs rénaux à cause de sa forte teneur en acide oxalique.

LE CONSEIL DE BÉNÉDICTE BOUDASSOU

> Les racines de l'oseille sont assez fragiles, elles n'aiment pas être dérangées. Cultivez-la en groupe, dans des coins qui lui sont dédiés.

Persil
Petroselinum sativum

C'est le persil frais, consommé cru, qui présente le plus de qualités nutritionnelles et gustatives.

ESPÈCES ET VARIÉTÉS : persil frisé et persil plat s'utilisent indifféremment, mais le persil plat appelé aussi persil de Naples est plus aromatique. Les deux se cultivent de la même façon. Le persil tubéreux produit une racine épaisse qui se consomme cuite ou crue.

EXPOSITION : un bon ensoleillement est préférable, mais à l'abri des rayons brûlants en été. Le persil change de place quand il se ressème, si la situation ne lui convient pas idéalement. Laissez-le faire.

SOL : il doit toujours rester frais, bien drainé, meuble et assez riche.

PLANTATION/SEMIS : les graines de cette aromatique annuelle mettent plusieurs semaines à lever. Si vous n'avez pas la patience d'attendre, achetez de jeunes plants.

ENTRETIEN : arrosez en pluie fine jusqu'à la levée des graines, puis régulièrement quand le temps est sec, pour conserver un sol frais.

RÉCOLTE : cueillez les tiges entières au ras de la souche, au fur et à mesure des besoins et si possible juste avant de vous en servir en cuisine.

CONSERVATION : lavé et haché, il se congèle très bien en petits sachets plastiques ou mini-boîtes verseuses. Les feuilles séchées perdent en revanche de leur saveur, mais pour l'hiver, il est quand même utile d'en avoir de côté.

UTILISATION : le persil frais agrémente toutes les salades, les crudités, les omelettes et la purée. Associez-le aussi au beurre, pour le laisser fondre sur une viande bien chaude. Cuit, il donne sa saveur au pot-au-feu, au court-bouillon de poisson et à tout plat cuisiné à relever.

PROPRIÉTÉS : riche en vitamines A, C, E et en fer. Excellent reconstituant.

LE PLUS/À SAVOIR : la plante se ressème abondamment, vous aurez donc toujours du persil au potager. En bacs et jardinières de balcon, vous devrez le ressemer ou replanter des pieds chaque année.

LE CONSEIL DE BÉNÉDICTE BOUDASSOU

> Le persil délivre ses arômes cru ou cuit, mais si vous voulez profiter au mieux de ses vitamines et propriétés reconstituantes, mangez-le cru.

Romarin
Rosmarinus sp.

ESPÈCES ET VARIÉTÉS : plusieurs espèces sont proposées en pépinières et jardineries, elles sont toutes aussi florifères et odorantes. Choisissez la silhouette que vous souhaitez, prostrée (*R. prostratus* ou *R. repens*) ou dressée. (*R. officinalis*, *R.* 'Majorca Pink' à fleurs roses).

EXPOSITION : c'est une aromatique de plein soleil qui supporte la chaleur.

SOL : bien drainé à sec, accepte les terrains caillouteux et déteste les endroits humides.

PLANTATION/SEMIS : plantez de préférence au printemps en sol réchauffé, en fin d'été ou en début d'automne.

ENTRETIEN : une taille annuelle après la floraison en raccourcissant les tiges d'un bon tiers maintient l'arbuste dans des dimensions plus compactes, mais vous pouvez aussi le laisser pousser à sa guise.

RÉCOLTE : récoltez en milieu ou fin de journée. Coupez la pointe des tiges, sur un tiers de leur longueur, pour la cuisine, et prélevez uniquement les sommités fleuries pour vos tisanes.

CONSERVATION : tiges et feuilles se conservent très bien plusieurs mois, à l'abri de l'humidité.

UTILISATION : les tiges entières aromatisent les courts-bouillons, s'emploient dans les marinades et à l'intérieur d'un poulet rôti. Les feuilles broyées se saupoudrent sur les grillades et les légumes du soleil. Pour vos tisanes, recouvrez les sommités fleuries d'eau bouillante et laissez infuser 10 minutes.

Les tiges de romarin sont coupées sur un tiers de leur longueur pour la récolte.

PROPRIÉTÉS : le romarin possède des propriétés très actives, qui stimulent l'organisme et aident à soigner les affections des voies respiratoires. Il est aussi anti-inflammatoire.

LE PLUS/À SAVOIR : une infusion de romarin ajoutée à l'eau du bain délasse et tonifie les muscles.

LE CONSEIL DE BÉNÉDICTE BOUDASSOU

> Pour faire sécher les tiges, regroupez-les en bouquets que vous protégerez dans un sachet de mousseline ou un sac en papier. Les feuilles seront à l'abri de la poussière et, une fois sèches, tomberont dans le sac.

Sauge
Salvia officinalis

ESPÈCES ET VARIÉTÉS : parmi les variétés de la sauge officinale employée en cuisine et pour ses vertus médicinales, on en trouve à feuillage plus décoratif que d'autres : par exemple la sauge 'Tricolor' au feuillage vert, jaune et rose ou la sauge pourpre (*S. Purpurascens*).

EXPOSITION : une exposition ensoleillée ou très lumineuse est recommandée.

SOL : cultivez en terrain ordinaire et bien drainé ; dans un bon sol de jardin, la sauge prospère rapidement.

PLANTATION/SEMIS : la plantation de jeunes sujets permet d'obtenir rapidement du volume et de récolter sans attendre la seconde année de croissance. La plante est vivace, elle s'étoffe donc au fil des ans.

ENTRETIEN : dans un potager aromatique, il vaut mieux remplacer les pieds tous les 3 ou 4 ans. Rabattez les touffes au ras du sol en fin d'hiver, ou en fin d'automne si vous êtes dans une région aux hivers rigoureux, et couvrez la souche avec des feuilles sèches.

RÉCOLTE : choisissez les jours de temps sec pour couper les tiges au ras de la souche.

CONSERVATION : les feuilles séchées s'émiettent facilement, conservez-les dans un sachet ou un bocal fermé.

UTILISATION : les feuilles fraîches aromatisent les plats de pâtes ; émincez-les finement pour les intégrer aux farces de porc et aux salades. Ajoutez toujours quelques

Les feuilles de sauge sont un peu épaisses, et seront davantage appréciées une fois émincées.

feuilles dans les plats de haricots. L'infusion de sauge soigne les maux d'estomac et de gorge.

PROPRIÉTÉS : la sauge est fébrifuge, antiseptique et apéritive. Elle facilite aussi la digestion.

LE PLUS/À SAVOIR : le feuillage de cette aromatique éloigne les parasites du chou, cultivez-la en rangs alternés avec ce légume-feuille.

LE CONSEIL DE BÉNÉDICTE BOUDASSOU

> Les feuilles un peu épaisses ne sont pas appréciées par tout le monde, coupez-les grossièrement dans les pâtes pour que chaque convive puisse, une fois servi, les retirer si besoin est.

Sarriette
Satureja sp.

ESPÈCES ET VARIÉTÉS : deux espèces se distinguent, celle des jardins (*S. hortensis*) aux tiges souples caduques, et celle des montagnes (*S. montana*) qui devient un petit buisson persistant assez compact. Elles se cultivent de la même façon.

EXPOSITION : le plein soleil est recommandé, ces plantes du pourtour méditerranéen n'aiment pas avoir froid.

SOL : un terrain léger et très bien drainé convient, où l'humidité ne stagne pas en hiver.

PLANTATION/SEMIS : les deux variétés s'achètent en godets ou petit conteneurs, à planter en sol bien réchauffé au milieu ou en fin de printemps.

ENTRETIEN : arrosez régulièrement les premiers mois pour assurer la reprise. En hiver, couvrez la sarriette persistante avec un voile d'hivernage, rabattez au sol la sarriette des jardins.

RÉCOLTE : sur le buisson persistant, coupez les tiges de moitié, il sera plus compact et restera bien fourni. Récoltez plutôt en milieu de journée quand il fait beau. Sur l'espèce annuelle, coupez les tiges entières, mais en laissant à chaque fois une bonne partie de la touffe. En fin de saison en revanche, coupez la touffe entièrement.

CONSERVATION : le séchage des tiges est rapide ; émiettez ensuite les feuilles, principalement sur l'espèce persistante, pour les placer dans un récipient hermétique.

La sarriette des montagnes forme un petit buisson compact qui attire les insectes pollinisateurs.

UTILISATION : le goût fortement poivré de la sarriette lui a valu le surnom de « poivre d'âne », car elle pousse de façon sauvage dans certaines régions. Vous pouvez donc l'utiliser en remplacement de cette épice, toutefois avec parcimonie.

PROPRIÉTÉS : la plante favorise la digestion, en particulier des farces, plats de féculents et haricots.

LE PLUS/À SAVOIR : les fleurs sont très mellifères. Quelques touffes de sarriette aux coins des allées potagères agissent ainsi pour la biodiversité et la pollinisation.

LE CONSEIL DE BÉNÉDICTE BOUDASSOU

> Goûtez les feuilles avant de vous en servir en cuisine, leur goût n'est pas apprécié par tous les palais.

Shiso
Perilla frutescens

Ce shiso vert au feuillage bien découpé forme une touffe assez haute.

ESPÈCES ET VARIÉTÉS : la plante est appelée pérille ou shiso. Les deux espèces habituellement vendues se ressemblent tant que les étiquettes les présentent le plus souvent sous le même nom. Elles sont comestibles, décoratives grâce à leur feuillage joliment découpé, soit vert, soit pourpre.

EXPOSITION : plantez à exposition bien ensoleillée, les feuilles seront plus aromatiques.

SOL : la plante préfère pousser en terrain frais mais toujours bien drainé.

PLANTATION/SEMIS : achetez de jeunes plants pour les mettre en place au printemps, dans un sol déjà réchauffé. La touffe devient imposante au fil des mois, et assez haute.

ENTRETIEN : arrosez quand il fait sec ; le sol ne doit pas s'assécher, principalement dans les cultures en pots, jardinières et carrés surélevés. Coupez au ras du sol en fin de saison.

RÉCOLTE : la cueillette s'effectue en coupant les tiges au ras du sol. N'attendez pas qu'elles fassent 1 m de haut, coupez au contraire les jeunes tiges au fur et à mesure de vos besoins. Sur les tiges adultes, prélevez les feuilles tendres des extrémités.

CONSERVATION : les feuilles étalées à plat sèchent sur des clayettes, vous les émietterez ensuite pour les conserver dans un bocal hermétique tout l'hiver.

UTILISATION : ciselez les feuilles dans les salades, les omelettes, les plats de légumes cuits au wok et les plats asiatiques.

PROPRIÉTÉS : les feuilles sont antiseptiques et exercent une action drainante sur le foie.

LE PLUS/À SAVOIR : il vaut mieux utiliser le shiso frais, sa saveur est plus aromatique.

LE CONSEIL DE BÉNÉDICTE BOUDASSOU

> Cultivez le shiso dans vos massifs pour tester son goût et voir si cela vous convient. Grâce à ses qualités décoratives et à sa belle hauteur, il s'associe aussi bien avec les annuelles qu'avec les vivaces et les petits arbustes.

Thym
Thymus sp.

ESPÈCES ET VARIÉTÉS : en cuisine, on se sert principalement du thym commun (*T. vulgaris*), et du thym serpolet (*T. serpyllum*) pour les grillades, mais le thym citron (*T. citriodorus*) a également beaucoup de succès.

EXPOSITION : plein soleil. Le thym aime la chaleur.

SOL : ordinaire et léger, poreux ou très bien drainé. Évitez les sols riches car le thym pousse mieux en terrain pauvre.

PLANTATION/SEMIS : les jeunes plants achetés en godets ou petits conteneurs se plantent au printemps, en sol bien réchauffé, ou en fin d'été.

ENTRETIEN : raccourcissez les tiges de moitié à la cueillette, puis de façon générale en fin d'hiver pour conserver une touffe compacte.

RÉCOLTE : prélevez les tiges toute l'année au fur et à mesure de vos besoins. En les coupant de moitié ou des deux tiers, cela favorise la repousse de nouvelles tiges et ramifications.

CONSERVATION : les tiges rassemblées en bouquets, placées dans un sachet de papier ou de mousseline et suspendues dans la cuisine sèchent facilement.

UTILISATION : plongez un bouquet dans le pot-au-feu, le court-bouillon de poisson ou placez des tiges à l'intérieur d'un poulet à rôtir. Les feuilles réduites en morceaux se saupoudrent sur les grillades et les légumes cuits. Pour vos infusions, utilisez des tiges entières que vous retirerez avant de servir.

Les tiges de thym rassemblées en bouquet pourront être suspendues et mises à sécher.

PROPRIÉTÉS : le thym a des vertus antibactériennes, antiseptiques et revigorantes pour traiter les affections des voies respiratoires.

LE PLUS/À SAVOIR : le feuillage très odorant de la plante éloigne de nombreux parasites, en particulier ceux qui attaquent les choux.

LE CONSEIL DE BÉNÉDICTE BOUDASSOU

> Placez un pied de thym au bout de vos rangs de légumes, au coin de vos jardinières et sur vos fenêtres. Vous en aurez toujours sous la main.

Le tulbaghia, aux jolies fleurs rose violacé, dégage un fort parfum d'ail.

Tulbaghia
Tulbaghia violacea

ESPÈCES ET VARIÉTÉS : cette plante bulbeuse encore peu employée est de la famille de l'ail. L'espèce la plus vendue est *T. violacea* qui monte de 50 à 70 cm de haut et offre des fleurs roses ou violacées de juillet à octobre, bien parfumées. On trouve également une espèce fleurissant au printemps, *T. simmleri*.

EXPOSITION : plein soleil pour une meilleure floraison.

SOL : léger à ordinaire. En sol un peu lourd, ajoutez du sable à la plantation pour alléger, drainer et éviter les poches d'eau résiduelles sous le bulbe.

PLANTATION/SEMIS : la plantation s'effectue au printemps, mais il est possible d'acheter des sujets en conteneurs que l'on met en place en fin d'été quand ils sont fleuris, pour égayer les massifs de fin de saison.

ENTRETIEN : arrosez régulièrement quand le temps est sec. Rabattez les hampes florales après la fanaison.

RÉCOLTE : les feuilles ont un goût d'ail très prononcé. Les fleurs se mangent aussi, récoltez-les juste avant le repas pour qu'elles ne perdent rien de leur saveur.

CONSERVATION : il vaut mieux utiliser la plante fraîche. Si vous voulez conserver les fleurs, faites-le dans des glaçons pour aromatiser vos soupes d'hiver.

UTILISATION : les feuilles s'émincent finement dans les ragoûts, les omelettes, les salades ou les soupes, les fleurs embellissent les salades et les plats de crudités.

PROPRIÉTÉS : favorise la digestion.

LE PLUS/À SAVOIR : comme l'ail, la plante est répulsive contre les insectes parasites et peut aussi agir en fongicide dans les massifs. Elle est donc très intéressante pour gérer son jardin de façon écologique. Son parfum fort se diffuse surtout en fin de soirée.

LE CONSEIL DE BÉNÉDICTE BOUDASSOU

> Portez des gants pour la plantation et la récolte, toute la plante sent très fort l'ail et laisse longtemps cette odeur sur les mains.

Les meilleures aromatiques
Les plantes du bien-être et de décoration

Les aromatiques présentées dans les pages suivantes contribuent, par leurs propriétés, à votre bien-être : certaines s'utilisent en infusion à boire, à mélanger dans le bain ou pour des applications locales. D'autres agrémentent les salades par le goût et la couleur de leurs pétales de fleurs. Toutes ont aussi un aspect très attrayant qui les rend indispensables au jardin. Vertes, roses, bleues, jaunes... elles se fondent dans les massifs ou égayent les parterres. Beaucoup attirent les pollinisateurs qui viennent butiner et participent ainsi à l'équilibre et à la biodiversité du jardin.

Parce que ces aromatiques ont un aspect très décoratif, elles ne se cantonnent pas au potager. Il vous faudra, néanmoins, vous souvenir de leur emplacement pour les cueillir sans risque d'erreur dangereuse pour votre santé, quand vous souhaiterez les utiliser en tisanes. L'astuce est de les inventorier avec des étiquettes horticoles plantées juste à côté et qui résistent aux intempéries (en ardoise ou terre cuite, par exemple). Utilisez un feutre indélébile.

Achillée
Achillea sp.

ESPÈCES ET VARIÉTÉS : l'achillée millefeuille a des vertus médicinales ; on la surnomme « herbe à la coupure ». Toutes les autres, grandes ou petites, sont décoratives.

EXPOSITION : plein soleil. Cette vivace résistante à la sécheresse préfère les situations chaudes et très ensoleillées.

SOL : léger à ordinaire et très bien drainé. L'achillée supporte les terrains calcaires ou caillouteux, et les sols poreux de bord de mer.

PLANTATION/SEMIS : plantez de jeunes sujets achetés en godets ou petits conteneurs. Inutile de les prendre trop gros, la croissance est rapide et, une fois installée, la plante se multiplie seule.

ENTRETIEN : arrosez par temps sec pour assurer la reprise, ensuite la plante se débrouille seule. En revanche, continuez d'arroser les cultures en pot car le substrat sèche plus vite qu'en pleine terre et se rétracte en cassant les racines.

RÉCOLTE : effectuez la cueillette le matin, une fois la rosée séchée.

CONSERVATION : faites sécher fleurs et feuilles sur des clayettes, ou en petits bouquets suspendus, puis conservez-les dans un sachet en papier à l'abri de l'humidité.

UTILISATION : les feuilles émincées et les fleurs offrent une saveur amère et se mangent dans les salades. Séchées, elles se prennent en infusion, à boire ou à utiliser sur des compresses. Les feuilles trempées dans de l'eau bouillante puis refroidies s'utilisent en emplâtre directement sur les plaies, en premier remède.

De grandes plates-bandes d'achillée millefeuille sont particulièrement décoratives au jardin.

PROPRIÉTÉS : feuilles et fleurs ont des propriétés cicatrisantes, fébrifuges, antispasmodiques, astringentes et anti-inflammatoires.

LE PLUS/À SAVOIR : l'infusion d'achillée millefeuille refroidie s'emploie en application locale sur les petites plaies et coupures pour aider à la cicatrisation.

LE CONSEIL DE BÉNÉDICTE BOUDASSOU

> Toutes les achillées sont des espèces remarquables pour les jardins de campagne. Elles se naturalisent facilement, profitez-en pour les laisser s'étaler en grandes plates-bandes.

Armoise
Artemisia sp.

ESPÈCES ET VARIÉTÉS : parmi les nombreuses espèces proposées au rayon des plantes vivaces, *Artemisia* 'Powis Castle' a le plus de succès grâce à son feuillage argenté vaporeux. Le feuillage est également de toute beauté sur *A. canescens*, *A. ludoviciana* et *A. abronatum*. *A. schmidtiana* est un excellent couvre-sol de rocaille.

EXPOSITION : plein soleil pour un feuillage resplendissant ou léger ombrage au pied d'un rosier.

SOL : léger à ordinaire et très bien drainé. C'est l'une des vivaces qui supporte le mieux les périodes de sécheresse en pleine terre.

PLANTATION/SEMIS : la plantation a lieu de préférence au printemps mais peut aussi se faire en tout début d'automne.

ENTRETIEN : coupez les parties abîmées du feuillage en fin d'hiver. En pots et bacs, arrosez régulièrement, surtout si vous associez une armoise avec un arbuste ou une plante grimpante. Chacune doit pouvoir trouver assez d'eau pour subsister dans le peu de terre mis à leur disposition.

RÉCOLTE : on ne récolte ni le feuillage ni les fleurs des armoises décoratives, sauf pour agrémenter quelques bouquets en été. En revanche, l'absinthe (*Artemisia absinthium*) produit un feuillage aromatique utilisé pour parfumer l'alcool, et l'estragon est aussi une armoise.

Parmi les armoises, l'absinthe est la seule variété dont on récolte les feuilles, pour des préparations alcoolisées.

CONSERVATION : aucune conservation n'est possible, sauf pour l'espèce qui se consomme (voir Estragon p. 63).

UTILISATION : ces plantes décoratives servent principalement à habiller le pied des arbustes au jardin et de volume complémentaire dans les massifs de vivaces.

PROPRIÉTÉS : tous les feuillages des armoises sont aromatiques et ont pour effet d'éloigner les parasites des plantes d'ornement.

LE PLUS/À SAVOIR : leurs touffes très denses permettent aussi de protéger le sol du dessèchement et d'empêcher les herbes spontanées de pousser.

LE CONSEIL DE BÉNÉDICTE BOUDASSOU

> Le manque de soleil étiole ces plantes, placez-les en situation lumineuse et chaude.

Bourrache
Borrago officinalis

ESPÈCES ET VARIÉTÉS : l'espèce annuelle *Borrago officinalis* offre ses propriétés aromatiques et médicinales. Elle produit des fleurs d'un bleu très lumineux, bien utile pour apporter un peu de couleur au potager.

EXPOSITION : soleil ou mi-ombre claire avec quelques heures d'ensoleillement dans la journée. La plante n'aime pas les rayons brûlants qui assèchent le sol, mais en terrain frais elle pousse très bien en plein soleil.

SOL : riche et frais, bien drainé pour que l'eau ne stagne pas en hiver.

PLANTATION/SEMIS : le semis est possible au printemps au potager, entre mars et mai. La plante se développe vite, laissez assez d'espace entre les plants (40 à 50 cm).

ENTRETIEN : arrosez par temps sec. Pincez les tiges quand la plante est jeune pour la forcer à se ramifier. Rabattez les touffes en fin de saison et placez cette matière au compost.

RÉCOLTE : les jeunes feuilles et les fleurs se récoltent au fur et à mesure, juste avant de les consommer ou de les faire sécher.

CONSERVATION : faites sécher les fleurs sur des clayettes bien aérées, et ensachez-les pour vos infusions d'hiver.

UTILISATION : les fleurs se mangent fraîches et agrémentent les salades. Sèches, elles se font infuser pour agir comme fébrifuge et dépuratif. Associez les feuilles émincées finement aux salades et soupes froides auxquelles elles apportent un goût semblable au concombre.

PROPRIÉTÉS : la plante est diurétique, riche en oligo-éléments et aide à soigner les problèmes intestinaux, les rhumes et bronchites.

LE PLUS/À SAVOIR : la plante est très mellifère.

LE CONSEIL DE BÉNÉDICTE BOUDASSOU

> Regroupez les plants dans un coin du jardin ou du potager, car la bourrache peut se ressemer seule très facilement et coloniser les lieux rapidement.

Le bleu très lumineux de la bourrache annuelle est un régal pour les yeux.

Camomille
Chamaemelum nobile

ESPÈCES ET VARIÉTÉS : l'espèce *Chamaemelum nobile* est vivace, fleurit jaune tout l'été en nombreux capitules qui couvent la touffe. On l'appelle la camomille romaine. Elle a de nombreux points communs avec la camomille allemande, *C. recutita*, une annuelle également utilisée pour ses propriétés médicinales.

EXPOSITION : plein soleil.

SOL : ordinaire et meuble, très bien drainé, même léger et poreux. La plante résiste à la sécheresse dans une terre profonde mais fleurit mieux quand elle bénéficie de quelques arrosages.

PLANTATION/SEMIS : plantez des sujets achetés en godets. Si vous n'en trouvez pas, semez au printemps dans un sol bien désherbé et ameubli, puis éclaircissez pour laisser un pied tous les 40 cm.

ENTRETIEN : arrosez quand le temps est sec au printemps et en été. Rabattez la touffe en fin de saison. Elle repoussera plus vigoureusement au printemps.

RÉCOLTE : les fleurs seules se récoltent, coupez-les avec leur tige pour pouvoir en faire des bouquets.

CONSERVATION : suspendez les bouquets pour les faire sécher, à l'ombre et au chaud. Récupérez ensuite les fleurs et conservez-les dans des sachets de papier ou de grands bocaux en verre.

UTILISATION : l'infusion de fleurs de camomille est souveraine le soir et après un repas copieux. N'employez pas plus de 5 à 6 fleurs par litre d'eau.

Les belles fleurs de la camomille romaine attirent les insectes pollinisateurs.

PROPRIÉTÉS : les fleurs ont une action digestive, antispasmodique, anti-inflammatoire contre les douleurs articulaires et dentaires, relaxante et sédative.

LE PLUS/À SAVOIR : la plante attire les pollinisateurs et insectes auxiliaires.

LE CONSEIL DE BÉNÉDICTE BOUDASSOU

> Donnez-lui une plate-bande le long d'un mur au jardin ou au potager, et plantez-la en quinconce. Ses touffes fleuries deviennent magnifiques et diffusent leur parfum de pomme tout autour.

Géranium odorant
Pelargonium sp.

ESPÈCES ET VARIÉTÉS : le géranium rosat (*Pelargonium graveolens*) employé en cosmétique offre également des propriétés médicinales. Ses fleurs sentent la rose. Chez les autres géraniums odorants, c'est plutôt le feuillage odorant qui surprend. Il peut exhaler des senteurs de menthe, de chocolat, de pomme, d'orange ou de réglisse.

EXPOSITION : le plein soleil convient à ces espèces originaires d'Afrique du Sud et aimant la chaleur.

SOL : une bonne terre de jardin est idéale.

PLANTATION/SEMIS : achetez des plantes en conteneurs et mettez-les en place au jardin quand les dernières gelées sont passées.

ENTRETIEN : arrosez régulièrement quand le temps est sec. Supprimez les feuilles fanées en fin d'hiver. Raccourcissez les tiges d'un tiers en fin de floraison.

RÉCOLTE : feuilles et fleurs du géranium rosat se récoltent pour agrémenter les plats, cueillez seulement quelques fleurs sur les autres espèces.

CONSERVATION : faites sécher les feuilles et les fleurs en une couche dans un meuble fruitier ou sur des clayettes à l'abri du soleil et de l'humidité. Conservez-les ensuite dans un sachet en papier ou dans un bocal en verre.

UTILISATION : dégustez les fleurs dans les crèmes desserts, les glaces et les compotes. Hachez les feuilles dans les farces de volaille et dans la moussaka pour lui donner une saveur originale. Faites-les infuser et ajoutez cette infusion à l'eau du bain pour adoucir la peau.

Les géraniums apprécient particulièrement la chaleur et doivent être abrités du gel.

PROPRIÉTÉS : fleurs et feuilles ont des vertus antibactériennes, adoucissantes et cicatrisantes. Elles agissent aussi comme un fongicide.

LE PLUS/À SAVOIR : en dehors des régions méditerranéennes, il vaut mieux cultiver ces espèces en pot pour leur éviter les rigueurs de l'hiver et pouvoir les rentrer hors gel.

LE CONSEIL DE BÉNÉDICTE BOUDASSOU

> Rentrez les pots quand la température descend en dessous de 5 °C en automne, et placez-les dans une pièce lumineuse pas trop chauffée (entre 8 et 15 °C).

Guimauve
Althaea officinalis

ESPÈCES ET VARIÉTÉS : la guimauve officinale fait partie de la famille des mauves, toutes assez semblables mais se déclinant en différentes hauteurs. Seule la guimauve est employée comme médicinale. Elle prend l'aspect d'un buisson de 1,20 à 1,50 m de haut, aux fleurs blanc rosé qui se renouvellent de juin à fin septembre.

EXPOSITION : le plein soleil garantit la floraison.

SOL : riche ou ordinaire, frais pendant la saison de végétation mais très bien drainé en hiver. La guimauve résiste en bord de mer.

PLANTATION/SEMIS : plantez un jeune pied au printemps ou en début d'automne pour gagner une saison de végétation. La plante est bien rustique.

ENTRETIEN : apportez une couche de compost chaque année au pied. Rabattez la touffe au sol en fin d'hiver.

RÉCOLTE : cueillez les feuilles et fleurs au fur et à mesure des besoins. Pour récolter les racines, cultivez un ou deux pieds au potager et attendez deux années avant de les déterrer au printemps.

CONSERVATION : faites sécher les fleurs en une couche sur des clayettes, puis conservez-les à l'abri de l'humidité.

UTILISATION : ajoutez les fleurs à vos salades et plats de légumes vapeur ou crudités. Elles aromatisent aussi les sauces qui accompagnent les viandes froides et viandes blanches. Faites cuire les feuilles pour les manger comme les épinards, avec ces mêmes viandes. Les racines s'emploient en infusion pour leurs vertus calmantes.

La guimauve a parfois un port étrange, et ses feuilles ont un toucher un peu duveteux.

PROPRIÉTÉS : la guimauve se révèle calmante pour les problèmes digestifs, les douleurs dentaires, les aphtes et les irritations de la gorge.

LE PLUS/À SAVOIR : les feuilles sont duveteuses, mais après la cuisson, les poils ne sont plus gênants.

LE CONSEIL DE BÉNÉDICTE BOUDASSOU

> Donnez assez d'espace à cette jolie plante pour qu'elle se développe au mieux, mais placez-la en fond de massif ou dans un coin du potager, car elle peut prendre un aspect assez dégingandé.

Hysope
Hysopus officinalis

ESPÈCES ET VARIÉTÉS : vous trouverez une seule espèce d'hysope mais plusieurs variétés aux fleurs bleues ou roses.

EXPOSITION : le plein soleil est recommandé, la floraison y est très sensible et la plante s'étoffe seulement quand elle reçoit assez de lumière du soleil.

SOL : léger à ordinaire, très bien drainé. La plante résiste en bord de mer aux terrains poreux, et ailleurs dans les sols secs ou rocailleux.

PLANTATION/SEMIS : la plantation de jeunes sujets achetés en godets garantit un bon volume dès la première année. La plante est vivace.

ENTRETIEN : arrosez quand le temps est sec pour assurer la reprise, mais avec modération. Rabattez la touffe des deux tiers de sa hauteur en fin d'hiver afin de favoriser une repousse vigoureuse.

RÉCOLTE : cueillez les fleurs le matin quand la rosée a séché sous le soleil.

CONSERVATION : faites sécher les tiges fleuries en les rassemblant en petits bouquets que vous suspendrez à l'abri du soleil et de la poussière.

UTILISATION : parsemez quelques fleurs dans vos salades et crudités qui accompagnent les charcuteries. Émincez des feuilles dans les farces. L'hysope s'emploie en petite quantité, sa saveur est particulière et il faut faire attention aux surdosages en usage médicinal. L'infusion se fait à partir des fleurs.

La floraison de l'hysope est garantie par un ensoleillement suffisant.

PROPRIÉTÉS : feuilles et fleurs ont une action stimulante, elles allègent les plats difficiles à digérer. En infusion, les fleurs aident à soigner les affections des voies respiratoires grâce à leur effet décongestionnant et expectorant.

LE PLUS/À SAVOIR : l'hysope fait partie des espèces les plus mellifères et donc intéressantes pour la biodiversité au jardin.

LE CONSEIL DE BÉNÉDICTE BOUDASSOU

> Cultivez cette belle vivace dans vos massifs d'ornement, elle sera un relais pour les insectes pollinisateurs et autres auxiliaires.

Lavande
Lavandula sp.

ESPÈCES ET VARIÉTÉS : L'espèce type *L. angustifolia*, appelée lavande vraie, est médicinale et utilisée pour ses huiles essentielles comme le lavandin (*L. intermedia*). Leurs diverses variétés ont des floraisons plus ou moins bleues, violacées, roses ou blanches. La lavande papillon est uniquement utilisée comme plante d'ornement.

EXPOSITION : le plein soleil seul permet d'obtenir une floraison très odorante et abondante. La lavande aime la chaleur, pousse de façon sauvage sur le pourtour méditerranéen dans les endroits les plus chauds.

SOL : léger à ordinaire, très bien drainé. La plante accepte les sols caillouteux et poreux, une bonne terre de jardin lui convient aussi très bien si cette dernière se ressuie rapidement.

PLANTATION/SEMIS : achetez les plants en godets, à mettre en terre au printemps ou en début d'été.

ENTRETIEN : rabattez les hampes florales fanées au niveau du feuillage, puis en fin d'hiver, raccourcissez les tiges d'un tiers à une moitié.

RÉCOLTE : seules les fleurs se récoltent en cueillant les hampes florales au ras du feuillage. Cueillez-les par temps sec et chaud.

CONSERVATION : faites sécher les tiges en bouquets suspendus, à l'ombre, dans un endroit bien aéré et à l'abri de la poussière.

UTILISATION : enlevez les tiges et égrenez les fleurs pour les employer en infusion ou en cuisine dans vos desserts glacés, crèmes aux œufs et tartes à l'abricot. Placez-les dans des sachets de mousseline ou de tissu pour embaumer le linge dans les armoires et éloigner les mites.

La lavande, qui se décline dans des nuances de rose, de bleu, de violet, exhale des senteurs entêtantes.

PROPRIÉTÉS : la lavande apaise, déstresse, et l'infusion appliquée en compresse cicatrise les petites plaies.

LE PLUS/À SAVOIR : l'infusion se mélange à l'eau du bain pour ses effets relaxants.

LE CONSEIL DE BÉNÉDICTE BOUDASSOU

> Bordez vos allées et massifs de rosiers avec de la lavande, elle fait fuir fourmis et pucerons.

Mélisse
Melissa officinalis

ESPÈCES ET VARIÉTÉS : cette espèce très odorante offre un feuillage presque similaire à celui de la menthe, mais exhale des senteurs de citronnelle.

EXPOSITION : soleil ou mi-ombre claire. Le plein soleil en terrain frais permet d'obtenir une longue floraison.

SOL : riche et frais ; la plante se multiplie seule et colonise rapidement le terrain quand le sol lui plaît.

PLANTATION/SEMIS : installez de jeunes plants en terre à partir du mois d'avril, ou du mois de mai dans les régions froides.

ENTRETIEN : arrosez régulièrement quand le temps est sec, et particulièrement le substrat des potées.

RÉCOLTE : coupez les tiges entières non fleuries, de juin à la fin octobre. D'autres repousseront rapidement.

CONSERVATION : faites sécher quelques tiges en bouquets suspendus pour récupérer les feuilles et les garder dans un sac en papier pour les tisanes d'hiver.

UTILISATION : les arômes citronnés de la mélisse se marient avec les viandes blanches cuisinées à l'asiatique, les fruits rouges, les compotes. Ses fleurs comestibles embellissent les desserts estivaux. Les infusions s'utilisent en cuisine ou en tisanes relaxantes.

PROPRIÉTÉS : la mélisse facilite la digestion ; ses propriétés antispasmodiques et calmantes se doublent de vertus antivirales appréciables. Une tisane le soir permet de se déstresser avant le coucher.

Proche de la menthe par son apparence, la mélisse sent davantage la citronnelle.

LE PLUS/À SAVOIR : la plante est mellifère, elle devient le rendez-vous des abeilles et de nombreux pollinisateurs dès le début de l'été quand elle pousse au soleil. Si vous manquez d'insectes auxiliaires au jardin et au potager, parsemez quelques touffes de mélisse pour les attirer.

LE CONSEIL DE BÉNÉDICTE BOUDASSOU

> Attention à bien garder le sol frais dans les plantations en pots et carrés surélevés de terrasse ou de balcon.

Monarde
Monarda sp.

ESPÈCES ET VARIÉTÉS : *Monarda dydima* est surnommée le thé d'Oswego ou monarde bergamote pour ses feuilles aux arômes de bergamote. Une autre monarde, *Monarda punctata*, est également employée pour ses vertus aromatiques et médicinales. Bien d'autres espèces et variétés sont proposées, aromatiques mais employées comme plantes d'ornement. Elles produisent en effet des floraisons remarquables tout l'été dans des coloris très vifs.

EXPOSITION : soleil ou mi-ombre claire.

SOL : un sol frais convient à la monarde qui a cet avantage de pouvoir embellir les endroits où d'autres espèces n'arrivent pas à supporter ces sols humides. Une terre riche en matière organique est également très appréciée.

PLANTATION/SEMIS : le semis s'effectue en début de printemps, la plantation de jeunes sujets un peu plus tard.

ENTRETIEN : arrosez copieusement quand le temps est sec, si le sol ne retient pas suffisamment l'humidité.

RÉCOLTE : cueillez les tiges entières pour les faire sécher en bouquets ou à plat sur des clayettes. Effeuillez-les ensuite.

CONSERVATION : gardez les feuilles dans un récipient hermétique ou un sachet à l'abri de l'humidité.

UTILISATION : la beauté de la plante et sa vigueur conviennent aux grandes plates-bandes, aux massifs le long des murs mal exposés ou aux bordures des plans d'eau. En usage bien-être, les feuilles se font infuser comme le thé et, séchées puis émiettées, elles aromatisent les crèmes desserts et les gâteaux.

La vigueur de la monarde et ses couleurs très vives sont idéales pour de grands parterres.

PROPRIÉTÉS : les feuilles s'avèrent apéritives, stimulantes, fébrifuges et anti-nauséeuses. Elles agissent aussi comme antiseptique.

LE PLUS/À SAVOIR : la lotion de feuilles infusées soigne les petits problèmes cutanés.

LE CONSEIL DE BÉNÉDICTE BOUDASSOU

> Apportez du compost au pied du massif en automne, pour enrichir le sol chaque année.

Myrte
Myrtus communis

Baies, feuilles et fleurs de myrte sont utilisées en cuisine ou pour le bien-être.

ESPÈCES ET VARIÉTÉS : le myrte est un arbuste au feuillage persistant aromatique et à la floraison blanc crème très parfumée de juin à octobre. Vous trouverez aussi des variétés au feuillage panaché ou au port plus compact que l'espèce type qui monte à 2 m de haut environ.

EXPOSITION : le plein soleil est recommandé pour que les fleurs et feuilles soient très odorantes.

SOL : l'arbuste peut se contenter d'un terrain assez sec, il pousse bien en sol ordinaire à léger et devient remarquable en bonne terre de jardin.

PLANTATION/SEMIS : plantez au printemps quand le sol est réchauffé. Un emplacement à l'abri des vents glacés est recommandé, l'arbuste préfère les climats doux et pousse lentement.

ENTRETIEN : arrosez avec parcimonie quand il fait sec. L'humidité est la principale ennemie de cette plante. En fin d'hiver, raccourcissez les rameaux abîmés par les intempéries hivernales.

RÉCOLTE : prélevez la moitié ou le tiers supérieur des tiges pour récolter les feuilles. Les baies se récoltent bien mûres en fin d'été.

CONSERVATION : faites sécher les fleurs et quelques tiges feuillées en petits bouquets. Les feuilles se conservent aussi dans l'huile ou le vinaigre. Les baies séchées se gardent en sachet à l'abri de l'humidité.

UTILISATION : les feuilles donnent une saveur épicée aux rôtis de porc et aux grillades estivales. Les baies broyées relèvent aussi les plats de viande et de gibier. L'infusion de feuilles se révèle active pour soigner les troubles digestifs. En application externe, l'infusion soigne les petites blessures.

PROPRIÉTÉS : la plante a des propriétés astringentes, toniques et antiseptiques.

LE PLUS/À SAVOIR : l'arbuste vit très longtemps, jusqu'à 300 ans. Les baies attirent les oiseaux.

LE CONSEIL DE BÉNÉDICTE BOUDASSOU

> Cet arbuste est idéal pour former de petites haies odorantes entre deux parties de jardin.

Onagre
Oenothera biennis

ESPÈCES ET VARIÉTÉS : l'onagre médicinale, *Oenothera biennis*, est connue depuis longtemps pour les vertus de l'huile tirée de ses graines, mais aussi pour son surnom de « jambon du jardinier », car sa racine comestible était autrefois un complément alimentaire dans les campagnes.

EXPOSITION : ensoleillée pour une belle floraison, mais la plante accepte aussi les situations mi-ombragées dans les endroits chauds.

SOL : ordinaire à maigre et caillouteux, plutôt sec. La plante accepte les terrains calcaires.

PLANTATION/SEMIS : plantez de jeunes sujets au printemps, dans un sol réchauffé, en laissant 40 cm d'espacement entre chaque. La plante se ressème seule.

ENTRETIEN : arrosez régulièrement pour assurer la reprise. Désherbez jusqu'à ce que la plante ait pris son ampleur.

RÉCOLTE : cueillez les fleurs juste épanouies pour les consommer fraîches ou les faire sécher.

CONSERVATION : les fleurs séchées se conservent dans un bocal hermétique. Une fois cueillies, elles se referment et sèchent ainsi. La racine peut se conserver dans du vinaigre comme les cornichons.

UTILISATION : cette plante spectaculaire par sa floraison attire le regard. Sa hauteur permet de créer un point d'appel visuel dans les grands massifs ou le long des allées. Les fleurs séchées s'utilisent en infusion ; fraîches, elles accompagnent les salades de crudités. Les racines se mangent aussi, cuites à l'eau puis rissolées. Elles ont un léger goût de panais.

Les fleurs de l'onagre sont récoltées juste au moment de leur épanouissement.

PROPRIÉTÉS : la plante est riche en acides gras polyinsaturés, et l'huile que l'on en extrait préserve l'élasticité de la peau. Les fleurs ont des vertus antitussives et aident à calmer les spasmes liés à la bronchite.

LE PLUS/À SAVOIR : l'infusion de feuilles refroidie s'utilise en lotion adoucissante pour les mains.

LE CONSEIL DE BÉNÉDICTE BOUDASSOU

> Goûtez à la racine en déterrant un pied en fin d'été, et laissez les autres pour profiter des fleurs nectarifères et parfumées.

Souci
Calendula officinalis

ESPÈCES ET VARIÉTÉS : seul le souci officinal (*Calendula officinalis*) s'emploie dans les préparations médicinales et se consomme en cuisine. Les autres espèces et variétés sont destinées à l'ornement du jardin, en particulier celles à fleurs doubles.

EXPOSITION : le plein soleil même chaud garantit une abondante floraison.

SOL : ordinaire et bien drainé. La majorité des sols sont en réalité acceptés par cette plante peu exigeante.

PLANTATION/SEMIS : semez au printemps sans trop serrer, en recouvrant les graines de 2 cm de terre. La plante est annuelle, elle pousse vite, il est donc plus économique d'acheter des sachets de graines plutôt que des plants en godets.

ENTRETIEN : coupez et enlevez les fleurs fanées au fur et à mesure pour favoriser le renouvellement des boutons floraux.

RÉCOLTE : on coupe les fleurs selon les besoins, si possible juste avant de les consommer, pour que les pétales ne fanent pas. La récolte du matin aura davantage de goût que celle de fin de journée.

CONSERVATION : il vaut mieux utiliser les fleurs fraîches, mais on peut aussi les faire sécher à l'ombre, dans un endroit aéré et chaud, sur un plateau pour récupérer les pétales qui tombent. Conservez ces derniers dans un bocal hermétique à l'abri de la lumière.

Le souci officinal a des propriétés médicinales connues depuis fort longtemps.

UTILISATION : les pétales se mangent dans les salades et les crudités auxquelles ils donnent leur petit goût poivré. Mélangez-les aussi aux omelettes baveuses en fin de cuisson. Autrefois on les utilisait pour colorer le beurre et les fromages.

PROPRIÉTÉS : les fleurs de souci sont antiseptiques, calmantes pour les inflammations du système digestif, cicatrisantes et tonifient le foie.

LE PLUS/À SAVOIR : les propriétés médicinales du souci sont connues depuis longtemps et très utilisées en cosmétique pour les problèmes cutanés.

LE CONSEIL DE BÉNÉDICTE BOUDASSOU

> Faites infuser les pétales et appliquez cette infusion en compresses si vous voulez soigner les coupures et petites irritations de la peau.

Verveine citronnelle
Aloysia triphylla

ESPÈCES ET VARIÉTÉS : une seule espèce (*Aloysia triphylla*) correspond à la verveine odorante, appelée aussi verveine citronnelle. La véritable verveine officinale (*Verbena officinalis*) est une plante médicinale dont on récolte les fleurs.

EXPOSITION : plein soleil et endroits chauds du jardin. L'abri d'un muret est une situation idéale.

SOL : bien drainé, ordinaire à léger et meuble.

PLANTATION/SEMIS : la plantation s'effectue en sol réchauffé au printemps. Attendez la fin des gelées. Achetez de jeunes pieds, la croissance est rapide.

ENTRETIEN : désherbez pour éviter la concurrence racinaire, et arrosez régulièrement. Comme l'espèce reste assez frileuse, protégez le pied en hiver avec une housse ou un voile d'hivernage, après l'avoir rabattu de moitié.

RÉCOLTE : coupez les tiges de moitié pour récolter les feuilles. Celles-ci exhalent un parfum très fort quand on les touche.

CONSERVATION : en fin de saison, récoltez toutes les tiges ayant encore des feuilles pour les faire sécher dans un meuble fruitier, ou en bouquet suspendu. Les feuilles sèches s'émiettent ou se conservent entières pour les tisanes et les desserts.

UTILISATION : cette verveine très citronnée accompagne les salades de fruits, les sirops, les glaces, les gâteaux et crèmes desserts.

La verveine officinale forme des buissons dont les tiges prennent rapidement de la hauteur.

Les feuilles s'infusent en libérant rapidement leurs arômes. Pour une utilisation bien-être après les repas.

PROPRIÉTÉS : les feuilles infusées facilitent la digestion, calment et favorisent l'endormissement. Une tisane prise au coucher permet à la fois de mieux digérer le repas et de mieux dormir.

LE PLUS/À SAVOIR : la plante devient vite un petit buisson touffu et ligneux qui prend de la hauteur. Placez-la soit à l'arrière des cultures aromatiques, soit dans les angles, ou bien intégrez-la à vos massifs d'ornement.

LE CONSEIL DE BÉNÉDICTE BOUDASSOU

> Gardez les feuilles séchées à l'abri de la poussière en les enfermant dans un bocal.

Quelques jardins d'aromatiques à visiter

Conservatoire national des plantes de Milly-la-Forêt

Route de Nemours, 91490 Milly-la-Forêt
Tél. : 01 64 98 83 77
Ouvert de mars à fin novembre
www.cnpmai.net

L'Herbarium des Remparts

36 rue Brandt, 80230 Saint-Valéry-sur-Somme
Tél. : 03 22 26 69 37
Ouvert du 1er mai au 31 octobre
www.jardin-herbarium.fr

L'Herboretum

Domaine de Voisins, route de Huisseau
45130 Saint-Ay
Tél. : 01 48 08 80 96
www.herboretum.org

Prieuré d'Orsan

18170 Maisonnais
Tél. : 02 48 56 27 50
Ouvert d'avril à fin septembre
www.prieuredorsan.com

Le Jardin-musée de Salagon

Situé dans les Alpes-de-Haute-Provence, le prieuré de Salagon est un monument historique. Le jardin du musée conte à travers les époques les relations entre les hommes et leur environnement végétal.
Musée département ethnologique de Haute-Provence
04300 Mane
Tél. : 04 92 75 70 50
musee-de-salagon.com

INDEX

Les numéros en gras renvoient à la description détaillée de la plante.

L'auteur

Bénédicte Boudassou, auteur et journaliste, est spécialisée dans le jardinage, l'écologie et le patrimoine des jardins depuis vingt ans. Elle apporte sa contribution à de nombreux magazines : *Home Outdoor*, *Interior's Creation*, *Maison Magazine*, *Côté Terrasse & Jardin*, *La Vie du jardin et des jardiniers*, *La Demeure historique*. Parmi ses ouvrages récents figurent : Coffret « De la cueillette à l'assiette » *Plantes aromatiques* (éd. Hachette Pratique, 2013), *Petits jardins zen* (éd. Hachette Pratique, 2012), *Le Jardin plaisir de Pierre-Alexandre* (éd. La Martinière, 2012), *Les Meilleures associations de plantes* (éd. Larousse, 2012).

Crédits photographiques

Photographie de couverture :

Masterfile/Janet Bailey

Pour le placement des photographies :
b = bas ; h = haut ; d = droite ; g = gauche ;
c = centre.

Les photographies suivantes sont de l'agence MAP/Mise au Point :

Pierre Aversenq 27h ; Jacques Durand : 45h, 46b ; GWI/A Graham : 31b ; Yann Monel : 26h (Chaumont-sur-Loire) ; Clive Nichols : 26b (Wyken Hall) ; Noun : 24 ; Nathalie Pasquel : 46c ; Pasquel et Mioulane : 32hg, 32bg, 36, 39, 45b, 51h, 51c, 51b ; Friedrich Strauss : 34, 37, 49, 53

Fotolia © Africa Studio : 2 – Fotolia © Simone Andress : 63 – Fotolia © BeTa-Artworks : 71 – Fotolia © Alexandr Blinov : 67 – Fotolia © Brad Pict : 78 – Fotolia © coco : 11, 44b, 46h – Fotolia © Sandra Cunningham : 28 – Fotolia © coulanges : 84 – Fotolia © dream79 : 41h – Fotolia © dulsita : 19 – Fotolia © Elenarts : 90 – Fotolia © ElinaManninen : 70 – Fotolia © emer : 13, 21, 83, 88 – Fotolia © Thomas Francois : 85 – Fotolia © Deyan Georgiev : 66 – Fotolia © Gorilla : 8 – Fotolia © gudrun : 72 – Fotolia © Anastacia Gudz : 41b – Fotolia © Heike Rau : 10 – Fotolia © igor : 57 – Fotolia © Jag_cz : 93 – Fotolia © JAG IMAGES : 89 – Fotolia © JPC-PROD : 20 – Fotolia © Kesu : 9b, 18b – Fotolia © komar.maria : 62 – Fotolia © kuvona : 75 – Fotolia © Thomas Launois : 65 – Fotolia © lidante : 58 – Fotolia © Lidara : 87 – Fotolia © Maksud : 33 – Fotolia © michelangelus : 64 – Fotolia © Ruud Morijn : 82 – Fotolia © Joachim Opelka : 61 – Fotolia © D. Ott : 27b – Fotolia © Pascal06 : 80 – Fotolia © paylessimages : 76 – Fotolia © Barbara Pheby : 18h – Fotolia © PhotoSG : 16 – Fotolia © Picture Partners : 15 – Fotolia © Eric Pothier : 32d – Fotolia © Printemps : 60 – Fotolia © Pro Photo : 91 – Fotolia © Ramira13 : 68 – Fotolia © Julija Sapic : 35 – Fotolia © M. Schuppich : 12 – Fotolia © sever180 : 79 – Fotolia © SNEHIT : 14 – Fotolia © Sternstunden : 9h – Fotolia © thoren90 : 48 – Fotolia © Pavel Timofeev : 81 – Fotolia © Marnel Tomi ´c : 73 – Fotolia © tsach : 6, 22-23, 44h – Fotolia © Unclesam : 40b – Fotolia © unpict : 31h – Fotolia © vaivirga : 30, 56, 69 – Fotolia © viperagp : 4, 40h – Fotolia © volff : 59 – Fotolia © wiangya : 86 – Fotolia © Yaniko : 38

Direction : Catherine Saunier-Talec
Responsable artistique : Antoine Béon
Édition : Anne Le Meur
avec Anne Fragonard-Le Guen
Conception graphique :
le bureau des affaires graphiques

Mise en page : NordCompo (Villeneuve-d'Ascq)
Fabrication : Isabelle Simon-Bourg
Partenariats : Sophie Morier
(smorier@hachette-livre.fr)

Dépôt légal : février 2014
23-55-8510-02-2
ISBN : 978-2-01-238510-8

Achevé d'imprimer en avril 2014 par Castelli Bolis Poligrafic (Italie)

Pour l'éditeur, le principe est d'utiliser des papiers composés de fibres naturelles, renouvelables, recyclables et fabriquées à partir de bois issus de forêts qui adoptent un système d'aménagement durable. L'éditeur attend également de ses fournisseurs de papier qu'ils s'inscrivent dans une démarche de certification environnementale reconnue.

Guides Hachette Jardin

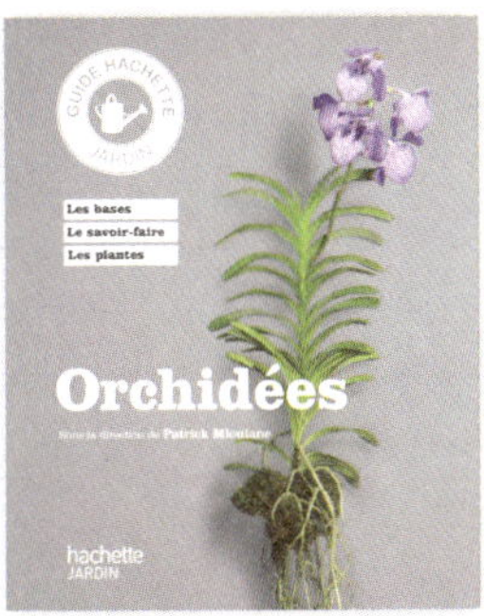

Entretenez votre jardin au quotidien avec l'application iPhone Guide du Jardin ! Retrouvez :

- un calendrier des gestes du jardinage
- une sélection des meilleurs pépiniéristes géolocalisés
- un glossaire des principaux termes à connaître pour parler de jardinage
- une base complète de 650 plantes avec photos

Disponible sur App Store